ビギナーズ 日本の思想

空海「弁顕密二教論」

空海
加藤精一＝訳

角川文庫
18877

空海「弁顕密二教論」 目次

はじめに

空海《くうかい》（弘法大師、七七四―八三五）は三十一歳から三十三歳まで留学僧《るがくそう》として入唐《にっとう》し、その間《かん》、唐の都《みやこ》、長安（今の西安）で、青龍寺の密教僧であった恵果《けいか》から密教を受法して帰国する。帰国後の空海は自《みずか》ら受けてきた密教に教学的な裏づけを加えて密教を大成《たいせい》することになる。もちろん空海が入唐した当時の密教は唐の朝廷でも重要視され、恵果も三朝《さんちょう》の国師《こくし》（代宗《だいそう》、徳宗《とくそう》、順宗《じゅんそう》の三代の天子《てんし》）の帰依《きえ》を受け、国を挙げて尊敬されていた僧侶《そうりょ》）と呼ばれていたし、その師僧である不空《ふくう》や、『大日経』の伝訳《でんやく》や『大日経疏』の講義で名が残る善無畏《ぜんむい》等の努力もあって密教への信頼も存在していたことは間違いない。しかし、仏教学的に見てそれまでの密教が十分な教理体系を持っていたとはいえない。インドで形成された法相宗《ほっそうしゅう》、三論宗《さんろんしゅう》、そして中国において宗派として誕生した天台宗《てんだいしゅう》、華厳《けごん》宗などの大乗《だいじよう》仏教の諸宗は、それぞれ優秀な学問僧を祖師《そし》として各自の独特の教理的展開を示していた。これらの大乗諸宗とは一味《ひとあじ》ことなった仏教としての密教は、護摩《ごま》を焚《た》き加持《かじ》祈禱《きとう》をおこない、願いを成就《じようじゆ》するという、人生のそれぞれの局面に即《そく》した宗教を標榜《ひようぼう》し、理性と感性、知、情、意の各方面から宗教的な満足を得られることをめざしていた。前言した恵果《けいか》の師、不空《ふくう》は、『金剛頂経《こんごうちようぎよう》』系統の多くの密教経典（経の題名に、金剛頂……と着《つ》く経典）をサンスクリット語から漢文に訳すことになるが、不空は単に言葉の訳にとどまらず、その翻訳《ほんやく》の作業の中で、一般の仏教を超《こ》えてかつそれらを包括《ほうかつ》した密教をめざしているのである。また、これも前言した善無畏《ぜんむい》（インド僧）、一行《いちぎよう》（中国僧）も、『大日経』の漢訳とその直後の『大日経疏《しよ》』の講義の成果などを見ても、特に「住心品」第一や「入曼荼羅具縁品《にゆうまんだらぐえんぼん》」第二などの部分は、原文の『大日経』の十倍にも増幅《ぞうふく》されており、経文からさらに新しい意味を引き出そうとしていることが知られるのである。不空や善無畏の努力の方向を筆者（加藤）は、密教純粋化《じゆんすいか》の努力と受け取り、後の空海による密教教理の確立の先駆《せんく》的成果と位置づけて高く評価しているところである。（詳しくは拙著、『密教の仏身観』等を御参照いただきたい。）

さて空海は自身が中国で受けてきた教えを密教と称《しょう》し、その他の教えを顕《けん》教《ぎょう》と呼んだ。現在では一口《ひとくち》に密教というと、内容的には、インド密教、チベット密教、中国密教などなどさまざまであるが、ここで空海がいう密教とは、大日如来から嫡々《ちゃくちゃく》相承《そうじょう》したいわゆる真言《しんごん》密教のことを指すのであることに十分に注意していただきたい。護摩《ごま》を焚《た》いたり、真言《しんごん》を唱《とな》えたり印契《いんげい》を結んだりという、形の上では密教という同一の範囲に入るのかも知れないが、真言密教とその他の密教とでは内容が全く異なっており、全く別のものと考えた方が正しいのである。空海によって大成した真言密教は、空海の頭脳《ずのう》によって構成された「十住心《じゅうじゅうしん》思想」という比較思想体系に裏づけられた密教であり、あえて言えば、空海によって認知《にんち》された密教なのである。

本書の題名の意味は、「顕教と密教の二つの教えを明確に区別する論書」である。成立年次は記されていないけれども、本書が出来上がらなければ、密教の本格的な、教理的な主張ができないと思われるところから、空海が中国から帰国（大同元年、八〇六）の後、そう長くはたっていないころの作ではないかと想像される。

内容の概説

先《ま》ず空海の仏身観をまとめて論ずる、総論とも言うべき文章が述べられ、その後に十数項目にわたって、各種の経論の文を引用しながら、顕教と密教の差異を証明していく形をとっている。この十数個の項目を、真言宗学では、いつの頃からか、

①能説《のうせつ》の仏身
②所説《しょせつ》の教法
③教益《きょうやく》の勝劣《しょうれつ》
④成仏《じょうぶつ》の遅速《ちそく》

という四種に分類して説明しているが、この分類は、原作者の空海が述べているわけではない。

十数項目の過半の項目が、顕と密の違いは、仏身観《ぶっしんかん》の違いにあるという点を証明するものだ。つまり仏陀の意味が違うのだ、という。これから見ても空海は、顕密教判《きょうはん》の眼目《がんもく》を仏身観に置いていることがわかる。

「弁顕密二教論《べんけんみつにきょうろん》」現代語訳

〈巻上〉

第一章 序説

（大意序）

ひと口《くち》に仏陀《ぶっだ》といっても、経典や論書によって種々の意味がありますが、いま私（空海）は仏陀を三つの身に分類したいと考えます。そして教えとしては、顕教《けんぎょう》と密教《みっきょう》の二種に分類いたします。仏陀を法身《ほっしん》、応身《おうじん》、化身《けしん》の三身とするうち、応身、化身が説かれる教えを顕教《けんぎょう》といい、これは仏陀が相手の能力や性質に応じて彼らを救済《きゅうさい》するために説かれたものでありますから、ことばで説明できる範囲の教えであって、深《ふか》い含《ふく》みのあるようなものではありません。これに対して法身《ほっしん》の仏陀が説かれる教えを密教《みっきょう》といいます。こちらは奥深い秘密の内容の教えであって、これこそが真実の教えということができるのです。

（冒頭のこの一文はまことに重要な意味を持っている。ここから空海が仏身を三種に分けて考察していることがわかる。つまり三身説《さんじんせつ》をとっているのである。しかし誤解《ごかい》してはならないのは、三身説にも種々あり、特にその内の法身《ほっしん》とか法性身《ほっしょうしん》と呼ばれる仏身の内容は一定ではないのである。あえて言えば、経典や論書によってその意味はさまざまだというのが正しいほどである。そして当時の大乗諸宗で最も一般的に用いられていたのが法《ほっ》・報《ぼう》・応《おう》の三身で、この中の法身は、法相宗学には、仏性《ぶっしょう》とか真如《しんにょ》とも言われ、仏身といっても、真理そのものを指して用いられていたのである。つまり大乗の多くの如来に共通の仏陀の要件を法身と呼んでいる。したがってそういう仏身観をとっている大乗諸宗では、真実の仏陀は仏果《ぶっか》報身《ほうじん》であり、種々の如来もすべて報身仏なのである。ところで空海はそういう一般の三身説、法身が理仏《りぶつ》だと定めている三身説には全く興味が無いのである。空海の目指す法身は、真言教主大日如来に相当する仏身であり、色身《しきしん》（肉身）あり説法する、れっきとした脈々といきづく存在なのである。この空海の意図《いと》する法身にぴったりと合致するのが『金光明最勝王経《こんこうみようさいしようおうきよう》』（義浄訳十巻本）であった。空海が『二教論』の冒頭に、「それ仏《ほとけ》に三身《さんじん》あり」と言った三身とは、『金光明最勝王経』の三身を基《もと》にしたものであり、その法身を真言教主大日に結びつけたのは空海なのである。『金光明経』は大乗経典であって、密教については一言も述べていない。ただ、そこに説かれる法身を空海が応用して、空海独自の三身説に造り変えたのがこの文なのである。——訳者注）

顕教《けんぎよう》に属《ぞく》する経典は数《かず》かぎりも無く多いのですが、例えば『釈摩訶衍論《しやくまかえんろん》』では十蔵《じゆうぞう》ありといい、五十の因蔵《いんぞう》（修行の段階を説く書物）と一つの果蔵《かぞう》（最終の悟《さと》りを明かす書物）あり、といいますし、教理的に分類しても一乗から五乗までの別《べつ》がありますし、また修行の徳目《とくもく》で分類すれば「布施《ふせ》・持戒《じかい》・忍辱《にんにく》・精進《しようじん》・禅定《ぜんじよう》・智慧《ちえ》」の六波羅蜜《ろつぱらみつ》のように分けられるし、成仏《じようぶつ》に要する時間の長さで分類しても、三大阿僧祇劫《さんだいあそうぎこう》というような無限に近い長時間かかる教えまでまことに多くの教えがあるのです。このことについては、仏陀《ぶつだ》はそれぞれ詳細に説き示しておられるのです。
『秘蔵金剛頂経《ひぞうこんごうちょうぎょう》』（密教経典のうちの金剛頂経系統の総称だが、ここでは『分別聖《ふんべつしょう》位経《いぎょう》』を指す）にはやはり三身説が説かれています。この三身は、「自受用仏《じじゅゆうぶつ》・他受用仏《たじゅゆうぶつ》・変化仏《へんげぶつ》」で、下からいいますと、大日如来の変化身は十地《じゅっち》以前の菩《ぼ》薩《さつ》及び声聞乗《しょうもんじょう》、縁覚乗《えんがくじょう》という小乗教の人々のために、わかりやすい教えを説く仏身《ぶっしん》、次に他受用身は、十地《じゅっち》に昇《のぼ》った菩薩のために一乗《いちじょう》の教え（天台《てんだい》とか華《け》厳《ごん》）を説く仏身、そして自性《じしょう》・自受用仏《じじゅゆうぶつ》は、法身大日如来としてマンダラの中央に座し、まわりをとり巻く諸尊と共に自身の悟りの内容である密教を説法されるのであります。これが密教の教えなのです。

（ここで空海は、法・応・化の三身とは別の、唯識教学で発展してきた自性・自受用・他受用・変化という仏身説を持ち出している。自性身は悟られる真理そのものとしての仏身、自受用身は自らその悟りを享受する仏身、他受用身は、悟りを他の者に享受させる仏身、変化身は衆生に応じた姿であらわれる仏身であり、元は自性・受用・変化の三身説から発達し、このうちの受用身が後に自受用・他受用に分けられて四身説となった。

この部分での空海の最も大切な工夫は、自性身と自受用身とをまとめて、「自性・自受用仏」なる仏身を想定し、これを前記の法身に当てたことである。そして他受用身を応身に、変化身を化身に配当している。これを整理すれば空海の三身説は、

法身	応身	化身
自性・自受用身	他受用身	変化身
密教の教主	顕教の教主	

この配当によって真言教主大日如来は、法身であり、自性・自受用身であり、マンダラの中央に座す仏身である。これに対してその他の仏身は、顕教の教主であり、他受用身・変化身であり化身と呼ばれるもろもろの仏身であり、マンダラの大日如来をとりかこんでいる諸仏・諸尊なのである。この見方は空海の独創であり、『金光明最勝王経』や唯識教学の仏身観を応用して形成した空海の三身説と呼ぶべきものであり、『弁顕密二教論』の冒頭でこれを論じているので

ある。——訳者注）

ここでいう三密門とは身体とことばと心、身口意《しんくい》の三方面から大日如来と私たち衆生とが一体《いったい》であるという教えで、法身大日如来のお心そのものの世界であります。したがって一般の仏教でいえば等覚位《とうがくい》や十地《じゅっち》の菩薩といった高い位の人々でもとてもはかり知ることのできない境地であり、まして小乗教の行者や一般の凡夫《ぼんぷ》の人々ではとうてい知ることのできないものなのです。

ですから『十地経論《じゅうじきょうろん》』とか『釈摩訶衍論《しゃくまかえんろん》』では、こうした如来の悟りの境界《きょうがい》は人間では近づくことはできない（機根《きこん》を離《はな》れたり）といったり、『成唯識論《じょうゆいしきろん》』や『中論《ちゅうろん》』でも、この心境はことばで表わすこともできなければ心で知ろうとしても不可能だ（言断心滅《ごんだんしんめつ》）と述べているところです。こうした「悟りというものはまったくかけ離れている」（絶離《ぜつり》）という見方は、修行中の段階のはなしでありまして、本当の悟りに到着してのはなしでは無いのです。顕教と密教のこうした違いはどうしてわかるかと申しますと、実は、ある経典や論書に明らかに説かれているからです。それらの明らかな証拠をこれから述べることにいたします。真言密教に入門して、大日如来に出会おうと思う人々は、ぜひその深い趣旨《しゅし》を読み取ってほしいと思います。

（造論の趣意）

もし顕教《けんぎょう》の網《あみ》にひっかかってしまって動けなくなったり、劣《おと》った教えが作っている関所《せきしょ》にふさがれて、先に進めずに駕《かご》を降《お》りてしまったのでは、『法華経《ほけきょう》』でいう、方便《ほうべん》のために示された化城《けじょう》を真実の宝の城と誤認《ごにん》して安心してしまう人々とか、『涅槃経《ねはんぎょう》』でいわれる、黄色い楊《やなぎ》の葉を小判《こばん》と思って喜んでいる子供《こども》と同じでありまして、どうして、尽《つ》きることのない多くの功徳《くどく》を内容とする法身大日如来との一体感を保《たも》つことができましょうか。究極《きゅうきょく》の美味《びみ》である醍醐《だいご》を棄《す》てて、もとの牛乳《ごにゅう》を喜んで飲んでいたり（五味《ごみ》。乳《にゅう》↓酪《らく》↓生酥《しょうそ》↓熟酥《じゅくそ》↓醍醐《だいご》。牛乳を精製する過程で、醍醐味《だいごみ》を最上とする）、なんでもかなえてくれる不思議な摩《ま》尼《に》宝珠《ほうしゅ》をなげすててしまって、価値《かち》の無い魚目《ぎょもく》を拾《ひろ》いあつめるようなことと同じであります。これでは、仏《ほとけ》となる素質《そしつ》をなくしてしまったも同然で、たとえていえば膏肓《こうこう》の間に入ってしまった病菌《びょうきん》のように、絶対に治《なお》ることが望めずに、医師もさじを投げる状態であります。こうなると医王《いおう》であるみほとけの救済《きゅうさい》もどうにも受《う》け付《つ》けず、良薬《りょうやく》としての甘露《かんろ》の法雨《ほうう》も役に立たないのです。もし本気で仏教を学びたいという人が、ひとたびこの密教の教えのすばらしさに出会えば、かの始皇帝《しこうてい》が所有していたといわれる明鏡《めいきょう》のように、善悪《ぜんあく》・正《せい》邪《じゃ》をはっきり知ることができましょうし、劣《おと》った教えに迷《まよ》うこともなく、堅《かた》い執着《とらわれ》も解《と》け去《さ》ることでありましょう。密教がすぐれた教えであることを述べる明らかな証文はさまざまな経典や論書に見られますが、いまその一部を示そうと思います。若い人々の参考になればと願っています。

仏法を伝える古来の学者がたは、おのおの著書を作って各宗派の教理を伝え、経《きょう》・律《りつ》・論《ろん》を伝えておられ、それらは広い部屋に入り切れないほどであり、とても読み切れないほど存在します。その上さらにあなたがこの著作をするのは一体どういう理由なのか、と問われましょう。

これに対して私（空海）は答えます。この書は必ず役《やく》に立つのです。だから著作したのです、と。これまでの方々が伝えているのはみな顕教《けんぎょう》なのです、しかしいま私が著作したのは密教についてなのです。密教についてはよく知られていないので経論から文章を引用しそれを合わせて一冊（二巻）の手引書としたのです。

第二章 本論

第一節 問答決疑

問う、顕教と密教とはどこが違うのですか。

答《こた》う、（先に示した仏身の表を参考にしていただきたい――訳者注）仏身の内の他《た》受用身《じゆゆうしん》や応化身《おうけしん》の仏《ほとけ》が、相手の機根《きこん》に応じて分《わ》かり易《やす》く説いた教《おしえ》が顕教《けんぎょう》であり、自《じ》受用《じゆゆう》・法性身《ほっしょう》の仏《ほとけ》がその悟りのお心を直接説かれたのが密教なのです。

問《と》う、応身《おうじん》とか化身《けしん》が説法《せっぽう》することは、どの宗派も認めていることですが、法身《ほっしん》は肉体があるわけでもなく、姿かたちがあるわけでもなく、これをことばで表わすこともできず、心や行動でつかむこともできず、説法することもなく、教えを示してくれることもないと言われています。つまり法身というのは人格を所有する仏身ではなくて、仏《ほとけ》の性格（仏性《ぶっしょう》）とか真如《しんにょ》（真理そのもの）を指す場合が多いのです。大乗の経典でも、説法するのは報身《ほうじん》とか他受用身《たじゅゆうしん》以下の仏身であって法身が説法するという例は見られないのではないか、どういう所に法身が説法するという証拠《しょうこ》があるのですか。

答《こと》う、さまざまな経典や論書に示されています。しかし文章というものは書く人や述べる人の先入観《せんにゅうかん》や思い込《こ》みによって真実が隠《かく》されてしまう場合もあり、またそれを読む人の能力によって、はじめて正しく伝えられる場合も多いのです。たとえば一水四見《いっすいしけん》というように、同じ水《みず》を見ても、天人《てんにん》はこれを宝で飾《かざ》られた池と見ますし、人《ひと》は水《みず》と見ますし、餓鬼《がき》は血膿《ちうみ》と見ますし、魚は住《す》み家《か》と見るように、その立場によって見方が違うのであり、また同じ暗闇《くらやみ》を、眼赤鳥《めあかどり》という鳥は光明の色と見るし、人はただの黒い闇《やみ》と見るようなものです。

問う、あなたの説によれば、多くの教えの中に法身説法《ほっしんせっぽう》の義《ぎ》が説かれていることになりますが、もしそういうことならば、なぜこれまでの伝法者《でんぽうしゃ》たちがそのことを論《ろん》じていないのですか。

答う、如来《にょらい》の説法《せっぽう》というものは、相手の病気に応《おう》じて最も効果《こうか》のある薬を与《あた》えるものなのです。そして人々の心の状態や能力がまちまちだとすれば医療《いりょう》の方法もきわめて多いのです。そして、その時々の相手の要望に応じて説かれる教えというものは普遍性《ふへんせい》が無いという点で権教《ごんきょう》（劣《おと》った教え）が多く、実教《じつきょう》（勝《すぐ》れた教え）は少《すく》ないのです。

仏教の学匠《がくしょう》がたが論書を著作する場合でも、経典の文言《もんごん》にしたがって意味を述べますから経の趣旨《しゅし》と違うことは述べません。したがって世親《せしん》師の『十地経論《じゅうじきょうろん》』では「修行の部分は説くことができるが（因分可説《いんぶんかせつ》）悟りの内容までは説けない（果分不可説《かぶんふかせつ》）」とあり、龍猛《りゅうみょう》師の『釈摩訶衍論《しゃくまかえんろん》』には同じく「仏の悟りの内容はことばでは説明できない（円海不談《えんかいふだん》）」とありますが、これらは経論の文言《もんごん》にしたがって解釈を述べているために、法身の仏《ほとけ》が悟りの内容を直接説いていることに気づいている方々なのですが、そのことは書けないのです。

したがってこれらは究極の解釈とは言えないのです。

このように顕教《けんぎょう》を伝える学匠たちは、経典の深い趣旨に気付《きづ》くことなく、自《みずか》ら浅い解釈をしてしまって、真実の秘密の内容を見すごして代々伝えてしまい、各宗派の主張としてしまっていますから、これでは自分のためになる鉾《ほこ》のことばかり主張して、自分に不利な剣《つるぎ》のあることを忘れてしまっているようなものなのです。

仏教が（インドから）中国に伝えられ、次第に広《ひろ》まり、後漢《ごかん》の孝明帝《こうめいてい》によって公認され、周《しゅう》の則天武后《そくてんぶこう》に至るまでは、すべて顕教でありました。それが唐《とう》代に入り、第六代・玄宗《げんそう》、第八代・代宗《だいそう》の時代になりますと、金剛智《こんごうち》・不空《ふくう》の二人が出て、密教がさかんに信仰されるようになりました。しかしまだ顕教の勢力が強く、密教は十分には主張されなかったのです。

たとえば『楞伽経《りょうがきょう》』という大乗経典には、「法《ほっ》・報《ぽう》・応化《おうけ》の三身にそれぞれ説法がある」（つまり、法身に説法があるという意味）と説かれ、『大智度論《だいちどろん》』には「法身に妙《たえ》なる肉身《にくしん》があり、高い人格《じんかく》を有《ゆう》している」（法身が実在するという意味）という句がところどころに見られるのですが、密教についてはひとことも論じられておりません。これから見ましても、これらの経論では、すでに密教の深旨《じんし》がわかっているのだけれども、顕教の立場に固執《こしゅう》してしまって、その壁《かべ》を乗り越えることができず、あるいは自分の宗派の立場でしか説明できないために、密教について明確に論及《ろんきゅう》できないのです。こうしたすぐれた先人の学《がく》匠《しょう》がたが、密教という最もすぐれた醍醐《だいご》の味《あじ》を味わえなかったのはまことに残念なことであります。

問う、もしそういうことなら、どういう経論に顕教と密教の区別が説かれているのですか。

答《こと》う、『金剛頂五秘密儀軌《こんごうちょうごひみつぎき》』、『金剛峯楼閣一切瑜伽瑜祇経《こんごうぶろうかくゆがゆぎ》』、『分別聖位経《ふんべつしょうい》』、『大日経』『楞伽経』、『金剛頂大教王経《だいきょうおうぎょう》』、『菩提心論《ぼだいしんろん》』『大智度論』、『釈摩訶衍論』です、以上のようなものに論じられております。

問者いわく、ではその一《いち》・一《いち》の証拠を聞かせてもらいましょう。

答えていわく、わかりました。私はあなたのために日輪《にちりん》をとばして暗夜《あんや》を明るくするように、金剛杵《こんごうしょ》(密教の法具《ほうぐ》、もとは武器、魔軍や迷《まよ》いを払うためのもの)を振りまわして迷いの雲を吹き払うようにしてみせましょう。

問者のいわく、喜んで聞かせてもらいましょう。

第二節　引証喩釈

(一) 釈摩訶衍論

龍猛《りゅうみょう》菩薩の作と伝えられる『釈摩訶衍論』に次に挙げる五重《ごじゅう》の問答《もんどう》があります。

先ず最初は、

『釈論』にいわく、「一切衆生《いっさいしゅじょう》の心には本来的に仏《ほとけ》と同一の悟《さと》りの内容がそなわっていて、それは捨てたり離れたりできるようなものではないといわれます(これを本覚《ほんがく》思想とか如来蔵《にょらいぞう》思想と呼ぶ――訳者注)。ではどういう理由で先に成《じょう》仏《ぶつ》したり、あとに成仏したり、いま成仏したりという違いが出るのですか。また、人によって努力する人、しない人、聡明《そうめい》な人あり、愚鈍《ぐどん》の人ありというように、相違《そうい》があるのはなぜですか。同じ仏の悟りだとすれば、もし人間が皆で同時に発心《ほっしん》し修行《しゅぎょう》すれば同時に悟《さと》りに到達《とうたつ》する筈《はず》ではないですか。なぜ人によって所有《しょゆう》している仏性《ぶっしょう》が強《つよ》かったり劣《おと》っていたりの差《さ》があるのでしょうか。あるいは人によって無知《むち》とか迷《まよ》いに厚《あつ》い薄《うす》いの差があるのでしょうか。

人によって備《そな》わった仏性《ぶっしょう》が異なる、というのは間違っています。なぜならば仏《ほとけ》のさとりはガンジス河《がわ》の砂の数《かず》のように数え切れないほどの多数の功徳《くどく》を備えているのですから、これに強い弱いの差など一切ないからです。また煩悩《ぼんのう》の厚さ薄さがあるからというのも間違っています。もしそうであるならば、悟りに達する最後の一地《いちじ》において瞬間《しゅんかん》に無明《むみょう》をなくして成仏《じょうぶつ》する、ということが成り立たなくなってしまうからです。実はこうしたさまざまな人によっての違いというものは、それぞれの無明《むみょう》のあらわれかたが違うからであって、本覚《ほんがく》としての絶対の価値《かち》である「不二摩訶衍《ふにまかえん》」には関係の無いものなのです。

（問う①）もしそうであるならば、すべての行者が、一切の悪を断ち切り善《ぜん》を行《おこな》い十地《じゅっち》を超《こ》えて仏地《ぶつじ》に至《いた》り、仏《ほとけ》の法身《ほっしん》・応身《おうじん》・化身《けしん》の三身《さんじん》を円満し（備《そな》え）、常《じょう》・楽《らく》・我《が》・浄《じょう》の四徳《しとく》を具足《ぐそく》して仏位《ぶっち》にあるならば、こうした行者の状《じょう》態《たい》は（大乗の菩薩《ぼさつ》として最高の者と思われるが）明《みょう》かそれともまだ無明《むみょう》なのですか。

（答《こと》う）こうした行者は、不二摩訶衍《ふにまかえん》の価値《かち》からみれば、まだまだ無明の段階に過ぎないというべきです。

（問う②）では次に、本来的に各自が心の中に所有している悟《さと》り（清浄本《しょうじょうほん》覚《がく》）というものは古くから言われていることですが修行すれば手に入《はい》るというものではなく、もともと備《そな》わっているものだといわれます。そしてこの本来の悟りは、有《あ》るとか無《な》いとか、有《う》と無《む》との両方がなり立つとか、有《う》でもなく無《む》でもないという四句《しく》の論理でも表現できませんし、四句に非非有《ひひう》・非非無《ひひむ》というのを加えた五辺《ごへん》という論理でも表現できない、といいます。こうした本来所有する悟りというものは言葉によって自然《じねん》といってみても自然《じねん》とも言えず、清浄《しょうじょう》心《しん》といってみても適当とはいえず、ことばではとうてい表わせないのです。こうした心の状態は（大乗の仏教の立場からいえば最高の悟りと思われますが）明《みょう》の分位《ぶんい》であると思いますがどうでしょうか。やはり無明の分位なのでしょうか。

（答う） このような心の状態は不二摩訶衍《ふにまかえん》に比《くら》べればとうてい及《およ》ばない、無《む》明《みょう》の段階であり、けっして明《みょう》の位《くらい》とはいえません。

（問う③） もしそうならば次におたずねしたい。一法界心《いっぽうかいしん》というすぐれた境地があって、この心境は、あらゆる否定《ひてい》によってもまたあらゆる肯定《こうてい》によっても表現できないといいます。さればといって肯定と否定の中間《ちゅうかん》にあるのかといえばそうでもないのです。中道にすら滞《とど》まらないとすれば天然自然《てんねんじねん》の理にも止《とど》まらないことになり、こうなると流水《りゅうすい》のようななめらかな談話《だんわ》をもってもそれ以上表わせないし、どんなに深い思慮《しりょ》をもってしても、いくら探《さぐ》ろうと努力してもそれ以上進むことができません。このようなあらゆる論理を超えた一心の境地は明の段階だといえましょうか、やはり無明の分位なのでしょうか。

（答う） このような一心の心境でも（不二摩訶衍と比《くら》べれば）いまだ無明《むみょう》の辺域《へんいき》のものであって、まだ明《みょう》の分位《ぶんい》であるとはいえません。

（問う④）三自《さんじ》一心摩訶衍《いっしんまかえん》という境地があります。これもとうていことばでは表わせないもので、一心の一といってみても一であると決めることができず、仮《かり》に修行段階（究極の境地に至る前の段階）の用語を借《か》りて、しいて一というまでであり、一心《いっしん》の心《しん》といっても究極の心であるわけではなく、これも修行段階の心という語を借りて仮に心と表現しているに過《す》ぎません。実際には我《が》ではないけれどもあえて我《が》と名づけ、また自と唱えられるものではないが、しかも自と名づけている境地です。まさに幽玄《ゆうげん》な奥深い境地でしかも悠遠《ゆうえん》なものです。こうしたすぐれた心境は明《みょう》の分位と言えるでしょうか、やはり無明《むみょう》の辺域なのでしょうか。

（答う）このような一見すぐれた境地であっても、不二摩訶衍という価値《かち》からすれば無明の辺域のものであって、明《みょう》の分位ではありません。

（決論⑤）不二摩訶衍という価値だけは特別なものです。これははたして明《みょう》の分位のものなのでしょうか、はたまた無明なのでしょうか。この法だけは別格で、他の価値から全くかけはなれたものであるから、明とか無明とかのものさしてはかれないのです。

私（空海）が喩釈《ゆしゃく》していいますと、ここにあげた五重の問答は、きわめて意味深いもので、十分に研究して、密教を知る手助けにするべきです。細かいことまでは書くことはできないが、十分に思慮をはたらかすべきと思います。

（ここで龍猛《りゅうみょう》造と伝えられる『釈摩訶衍論』について一言《いちごん》しておこう。この書物は成立年代も作者も詳しくわからない。その内容は、馬鳴《めみょう》の『大乗起信論《だいじょうきしんろん》』を注釈するという形式をとっている。「論にいわく」として先《ま》ず『起信論』の文を挙げて次にそれを解釈するという形で、最後までに『起信論』の全文を挙げている。しかも巻末の流通分《るづうぶん》には、「一切の大乗教を統合するつもり」であることが説かれてある。そして「不二摩訶衍《ふにまかえん》」という価値《かち》をすべての教えの最上位に置いて高く評価して、華厳《けごん》の教主でさえも遠く及ばない、とまで述べている。では一体、この「不二摩訶衍」とは何《なに》なのか、については明らかにしていない。まことに不可解《ふかかい》な論書なのである。しかし空海は『釈論』を読み、この価値こそ直《ただ》ちに真言密教のことであり大日如来のことを指している、と読み取ったのである。そして空海は、密教を学ぶ学生が重視しなければならぬ書物の一覧目《いちらん》録（『三学録《さんがくろく》』）に論書の部門として『菩提心論』一巻及び『釈摩訶衍論』十巻を挙げているほどなのである。

空海かぞえ五十七歳（天長七年）の作と推定される『秘蔵宝鑰《ひぞうほうやく》』では、この五重問答を順に、法相《ほっそう》・三論《さんろん》・天台・華厳・真言密教に配当して、四家《しけ》大乗の諸宗を超えた真言密教を表わしている。本書ではその配当は明記していないが趣旨は全同だと言えるであろう。――訳者注）

(二) 釈摩訶衍論

また『釈論《しやくろん》』（『釈摩訶衍論』の略称）にこうあります。「(問) 不二摩訶衍という価値は一体どのように生じ、何のために存在するのかというような、いわゆる因縁《いんねん》というものはないのですか。(答) この価値はきわめて妙《たえ》なるもの、しかもはなはだ深い意味を持ち、他の価値とかけはなれた尊《とうと》いものでだれのためにあるというものではないのです。(問) この価値に相当する相手《あいて》はないのですか。(答) そうした機根《きこん》の持主はふつうの人格にはいないからです。(問)ふさわしい機根の人がいないならば、どうしてこうした価値を造《つく》ったのでしょう。(答) この価値はだれかが造ったとか建立《こんりゅう》したというものではありません。(問) この不二摩訶衍《ふにまかえん》という価値《かち》は一般仏教の諸仏によって得られるものなのでしょうか。(答) いやそうではありません。逆にすべての諸仏を包摂《ほうせつ》してしまうのです。(問) では他の諸仏はこれを得られるのでしょうか。(答) いやそういうわけにはいかないのです。菩薩《ぼさつ》も、二乗教 (小乗仏教) の人々も、そしてすべての衆生《しゅじょう》も同様に、この不二摩訶衍に包摂され尽《つ》くしているのです。これが性徳円満海《しょうとくえんまんかい》といわれる不二摩訶衍の価値であって、これに相当する機根など無く、他《た》の一切の教《おし》えを含《ふく》み、かつ、それらからはるかにかけはなれた絶対の世界なのです。

これに対して法としての一心と、義としての体《たい》・相《そう》・用《ゆう》の三大《さんだい》との四つにそれぞれ、真如《しんにょ》の世界と生滅《しょうめつ》の世界を開いて合計八種としますが、不二摩訶衍は当然ながらこれら八種の本法の上に隔絶《かくぜつ》して存在しています。これら八種の本法たる既成《きせい》の価値《かち》は、当然のことながら因《いん》と縁《えん》によって生じたものです。相手の機根に応じ、さまざまな教えにしたがって生じているからです。(問)なぜ機根に応じて存在するのですか。(答)相応の機根の人がいるからです。(問)ではこれら八種の本法については一般の諸仏は得《え》られるのですか。(答)その通り、諸仏は得ることができます。(問)では本法が諸仏を包摂することができましょうか。(答)それは不可能です。菩薩も二乗教の人々も、一切の衆生もこれと同様です。これが修行種因海《しゅぎょうしゅいんかい》という世界です。つまりこれらは相手により、教えによって存在する価値だからです」。

同じく『釈論』に次の文があります。「諸仏甚深広大義《しょぶつじんじんこうだいぎ》というのは摂前所説門の文ですがこれは既成の三十三種の本法を包摂して総じて述べているのですが、この意味はどういうことですか。(答)ここで諸仏といっているのは不二摩訶衍の法のことです。なぜならば、この不二の法は、他の三十三種に含まれる諸仏とくらべれば、その徳がはるかにすぐれていて、断然《だんぜん》他を抜いているからです(つまり三十三種の法門をすべて包摂していながら、かつ、それらから隔絶《かくぜつ》しているからです）」。

同じく『釈論』に次の文があります。『大本華厳契経《だいぼんけごんかいきょう》』の中に次のようにいう、円円海《えんえんかい》の徳（完全な徳）をそなえた仏《ほとけ》はすぐれていて、他《た》の一切の因分《いんぶん》（修行種因海・修行の段階の世界）の仏は、円円海（完全な悟りの世界）を成就《じょうじゅ》することはできない。なぜならば劣《おと》っているからである」と。もしそうであるならば、『分流《ぶんる》華厳経』の中に『華厳経』の教主である盧舎那仏《るしゃなぶつ》は、衆生世間《しゅじょうせけん》・器《き》世間・智正覚世間の三種世間のすべてを自己《じこ》の身心《しんじん》としているから、すべての法をあますところなく摂《せっ》し尽くしている」というのと同じなのでしょうか。（円円海の仏と華厳の教主とは同じなのか）。（答）華厳《けごん》の盧舎那仏《るしゃなぶつ》は三種世間を摂し尽くすといっても、それは修行段階の（因分の）一切を摂し尽くしているだけで、円円海まで摂し尽くしているわけではないので一向に差しつかえないのです。

（以上の文を空海が）喩釈《ゆしゃく》して申しますと、この『釈論』で述べる「不二摩訶衍」とか、「円円海徳の諸仏」という仏《ほとけ》こそ、真言密教の教主、自性法身《じしょうほっしん》大日如来のことで、この教えは真言密教のことを指しているのです。この教えを秘《ひ》密蔵《みつぞう》といい、あるいは金剛頂大教王《こんごうちょうだいきょうおう》ともいい、顕教《けんぎょう》の菩薩《ぼさつ》たちではとうてい見たり聞いたりできない仏陀《ぶつだ》であり、そのゆえにこそ密教というのです。詳《くわ》しくは各種の『金剛頂経』に説かれているとおりであります。

（念のためにいうが、『釈論』では密教という文字は一切見られない。しかしそこに説かれる絶対の価値、不二摩訶衍とか円円海徳の仏《ほとけ》を、空海は直《ただ》ちに、華厳の教主すら遠く及《およ》ばない真言教主だと見抜いたのである。この空海の慧眼《けいがん》に注目していただきたい。――訳者注）

（三）華厳五教章

次に賢首《げんじゅ》大師法蔵《ほうぞう》の著作『華厳五教章《けごんごきょうしょう》』、詳しくは『華厳一乗教義分斉章《ぶんざいしょう》』の巻《かん》第一に次のような文があります。「いま釈迦仏《しゃかぶつ》の海印三昧《かいいんざんまい》〈悟《さと》りのお心〉である一乗教（皆が仏になることをめざすすぐれた教え）の教義を開いて十種に分説できますが、その第一に建立乗《こんりゅうじょう》といって一乗教成立の沿革《えんかく》を述べています。

それによりますと一乗教はまず二種に分けられます。別教《べっきょう》一乗と同教《どうきょう》一乗です。別教一乗はまた性海果分《しょうかいかぶん》と縁起《えんぎ》因分《いんぶん》とに分けられます。このうち性海果分とはことばではとうてい表わせない部分です。なぜかといいますと、その部分を表現する教えがないからで、いわば仏の悟りの内容そのものという部分です。『十地経論』には、「悟りに至るまでの修行の段階のことはことばで説明できますが悟りを得た仏《ほとけ》のお心の内容まではことばで表現できるものではありません」と述べているのはまさにこのことなのです。
縁起《えんぎ》因分《いんぶん》は普賢菩薩《ふげんぼさつ》のお心に相当するのですがこれは当然ことばで表現できるのです。

（ここでは一乗教を三つに分類している。図に示せば次のようになる。

- 一乗教
  - 同教一乗①
  - 別教一乗
    - 縁起因分②　普賢菩薩の境界
    - 性海果分③　十仏の自境界

空海は十住心思想を構築するにあたって、この『五教章《ごきようしよう》』の表現を応用し、①を天台宗、②を華厳宗、③を真言密教に配当し、第八、第九、第十の住心としたのである。――訳者注)

同じく『五教章』の巻第二「十玄縁起無礙法門義《じゆうげんえんぎむげほうもんぎ》」に次の文があります。

「それ法界のあらゆる事象《じしよう》は、お互《たが》いに縦横《じゆうおう》にかかわり合《あ》っていて、その実状はとうていきわめつくすことなどできないほどです。いまこれらを華厳《けごん》の立場からよく観察し、研究し、分類してみると、二つの部分に分けて考えることができます。一つは仏《ほとけ》の悟《さと》りそのものの分野であり、これは、十仏《じゆうぶつ》(華厳宗で仰《あお》ぐ仏《ほとけ》)のお心の内容そのものの境地です。その二は、縁《えん》にしたがい、あるいは因《いん》の方面から教えを論ずる分野で、これは華厳宗では普賢菩薩《ふげんぼさつ》のお心のありかただと考えています」と。

初めの十仏の自境界《じきようがい》とは、華厳教学でいえば、お互《たが》いが融合《ゆうごう》しあって、一《いち》が一切《いつさい》であり一切が一であるという特別な世界であって、その内容をことばで説明することなどできないのです。『華厳経』にいう仏《ほとけ》の悟《さと》りの世界そのもの、仏のお心の内容そのものなどがこれに相当します。この境界は帝釈天《たいしゃくてん》の珠網《しゅもう》のたとえでも説明できませんし、微細《みさい》な一毛孔《いちもうく》の中に三千大千《さんぜんだいせん》世界を容《い》れてしまうというような義をもってしても、とうてい論《ろん》じ尽《つ》くすわけにはいかない、ことばでは言い表わせない部分であります。なぜそうなのでしょう。いかなる教えといえども、この仏《ほとけ》の内証《ないしょう》と合致《がっち》するものが存在しないからです。『十地経論』に「因分《いんぶん》（修行の段階）はことばで説明できるが、果分《かぶん》（悟《さと》りの内容そのもの）は説明できない」というのはこのことなのです。

（問う）もしそういうことならば、どうして経典の中に「仏不思議品《ぶつふしぎほん》」などという「仏の悟《さと》りの内容」を説く部分があるのですか。

（答う）この場合の仏果《ぶっか》の果《か》の意味は、あくまで修行の段階を成満《じょうまん》することを目標として修行に約して悟りを仮《かり》に置いているだけで、悟り自体《じたい》を説いているのではないのです。つまり「不思議法品《ふしぎほうぼん》」などの部分は、あくまで修行段階の立場で説いているのであって、悟り自体を説いているのではない、ということです。

同じく『五教章』巻第二に、次のような問答があります。「（問う）悟りの内容というものは、あらゆる因縁《いんねん》から離れたものであるから、ことばでは表現できない。ただし、悟りに至《いた》るまでの過程《かてい》は説明することができる、というのであれば、十信位《じゅっしんい》まで登《のぼ》り切《き》って、その終わりに悟りを得て仏《ほとけ》になるというその瞬間については説明できるのですか。（答）華厳宗でいう成仏《じょうぶつ》は三生《さんしょう》成仏といって、第一の見聞生《けんもんしょう》、第二の解行生《げぎょうしょう》、ここで十信《じゅっしん》から十地《じゅっち》に至る妙行《みょうぎょう》を完成し、次の第三の証入生《しょうにゅうしょう》に至り、仏界《ぶっかい》の妙果《みょうか》を円満するのです。いまここで仏に成《な》るという意味は、第一・第二の生《しょう》をすべて終わって円融《えんゆう》の仏果を得るのです。これら修行段階での主体的内容は、仏果を想定（予想）して努力するほかないのだから、最後のところは仏果に飛び込んだ本人にだけしか分《わ》からないのです。これが悟りだとすればこれを客観的にことばで表現することはできません」。

（以上の諸文を空海が）喩釈して申しますと、『十地経論』や『華厳五教章』で述べている「悟《さと》りの境界《きょうがい》はことばで表現できない」という文と、『釈摩訶衍論』の「不二摩訶衍の内容は説明できない」という文とは全く同じ趣旨《しゅし》なのです。つまり「悟りに至るまでの過程は説明できる」というのは顕教の教えの範《はん》囲《い》のことですし、「悟りは説けない」と彼らが述べている部分こそ真言密教の教えに相当するのです。なぜそれが分かるかといえば、『金剛頂経』に明らかにそのことが説かれているからです。智慧《ちえ》ある人はこの点をよく考えてみてください。

(四) 摩訶止観

天台大師智顗《ちぎ》の著作『摩訶止観《まかしかん》』の巻《かん》第三にいわく、「この三諦《さんたい》の理《り》、天台宗のめざす三諦円融《えんゆう》の境地は不可思議であり、これがそうだと決論づけられるものでもなく、文字やことばで説くこともできないのであるが、あえてこれを人々に説くとすれば三つの方法が考えられる。一つは相手の力に応じて語ることば(たとえばなし)である随情説《ずいじょうせつ》、二は自身の悟りの境地を、相手の能力に応じてわかり易《やす》く語ることば、随情智説《ずいじょうちせつ》、三は、自身の悟りの境界《きょうがい》をそのまま語《と》くことば、随智説《ずいちせつ》である」。

（ここで一言付言《ふげん》する。三諦《さんたい》とは空《くう》・仮《け》・中《ちゅう》といい、空諦とは、すべての存在は空《くう》であり、とらわれた心によって考えられているような実体は存在しない、という道理。仮諦《けたい》とは、すべての存在には実体がないから、縁によって仮《かり》に存在するものとしてこれを肯定《こうてい》する道理。中諦《ちゅうたい》（中道第一義諦《ちゅうどうだいいちぎたい》）とは、すべての存在は空《くう》とか仮《け》とか一面的に考えるべきものではなく、ことばや思慮《しりょ》を超えたものである、とする。これらは実相の真理を明らかにする三通りの見方であり、この三つが円融無礙《えんゆうむげ》である、とするのが、天台大師のめざした悟りであるといえる。では『摩訶止観』に話を戻そう。――訳者注）

この三つのうち随情説の三諦とは、牛乳を知らない四人の子供に、その白さを説明して、それは貝のようだ、粉末《ふんまつ》のようだ、雪のようだ、鶴《つる》のようだ、といったとする。すると四人はそれぞれ自分の理解にとらわれて、四つの争いを起こすであろう。それと同様に、一般の凡夫《ぼんぷ》も三諦円融《さんたいえんゆう》の深義《じんぎ》を知らないから、仏陀《ぶっだ》が大慈悲の御心でいくら巧《たく》みに説かれ、有《う》・空《くう》・空有《くうう》・非空非有《ひくうひう》などのあらゆる論法で真実を伝えようとされても、衆生《しゅじょう》は結局は常《じょう》・楽《らく》・我《が》・浄《じょう》という大乗仏教の真実の相《すがた》を見ることができないのである。各人が、これは空《くう》だ、いや有《う》だ、というようにとらわれてたがいに肯定《こうてい》したり否定《ひてい》したりするのは、かの四人の子供と同じである。

このように、空《くう》と有《う》（真諦《しんたい》と俗諦《ぞくたい》、悟りの見方と世俗《せぞく》の見方）を理解するだけでも、二十三通りの立場があるほどである。これらが少しずつ異なっていて、おのおのが自分の説に固執《こしゅう》しているありさまなのだ。これでは切角《せっかく》の甘露《かんろ》を飲みながら身体を傷《きず》つけて早《は》や死《じ》にしてしまうようなものである。

随智説《ずいちせつ》の三諦《さんたい》というのは、本来、十住位《じゅうじゅうい》の所行《しょぎょう》であるから、初住位《しょじゅうい》よりこのかた、中道の理を説くのに、視《み》たり聴《き》いたりを超えているばかりでなく、真《しん》の空諦《くうたい》も俗《ぞく》の仮諦《けたい》もすでに超えている立場である。三諦は奥深く微妙《びみょう》であるから、ただ仏陀の真実の智のみが照らしてくれるのであって、普通の人は示すことも思うこともできない筈《はず》である。もしこれを聞くことができるなどという人があったら、あやしいと考えなければならない。三諦の理というものは、心のうちにあるのでもなく、心の外《そと》にあるのでもない。難解《なんかい》なものでもなく易《やさ》しいものでもない。相《そう》としてあらわれるものでもなく、姿がないというものでもない。この世にあるというものでもなく、姿・形があるというものでもない。百の否定を重ねても表わせないし、あらゆる論法を用いても表現することができない。ただ一人仏陀のみがわかっておられる世界なのだ。ことばでは表わせないし、心や行動も超えてしまっているのだから、普通の人間の気持ちなどでは、とうていはかり知ることなどできないのである。

ここで中道第一義諦《ちゅうどうだいいちぎたい》といったり三諦円融《さんたいえんゆう》といったりする立場は、普通の人間の思いをはるかに超えたものなのだから、声聞乗《しょうもんじょう》や縁覚乗《えんがくじょう》などの二乗教《にじょうきょう》（南方仏教・小乗教）ではとうていはかり知れないもので、まして凡夫《ぼんぶ》では及《およ》ぶべくもない。牛乳というものを一度でも見知っているのなら問題ないのだが、そうでなければ、いたずらにことばを費《ついや》すだけで、無駄《むだ》に終わってしまう。このように、本当にわかっている人だけにわかるような説を、随智説《ずいちせつ》の三諦《さんたい》の姿というのであり、これは仏陀が悟りの内容をそのまま述べられたことばだといえるのである。

以上の文を私・空海が喩釈《ゆしやく》して申しますと、要するに天台大師の主張は、三諦の教えであり、自身の心中に、即空《そくくう》・即仮《そくけ》・即中《そくちゆう》の三諦円融することをもって悟《さと》りと考えるのです。そしてここでいわれている「百非洞遣《ひやつぴどうけん》」とか「四句皆《しくかい》亡《もう》」とか「唯仏与仏乃能究尽《ゆいぶつよぶつたいのうぐうじん》」という部分、つまりことばで表現できないし考えも及ばない、といっている部分が、この宗派のきわめつけの悟りの境界《きようがい》になるわけです。しかもこれが顕教《けんぎよう》の顕教たるゆえんなのです。しかし真言密教からいいますとこのような教えは、ほんの入口の段階に過ぎないもので、けっして奥深いものではありません。真実の悟りを求めようとする人々は十分注意してかからねばなりません。

(五) 入楞伽経

(天台大師が根本所依としている『法華経』の教主について一言述べます)『楞伽《りようが》経《きよう》』(巻第八)に次の文があります。「仏《ほとけ》が大慧菩薩《だいえぼさつ》に次のように告げられた。私はかつて小乗仏教の修行者であった人たち(声聞《しようもん》)が大乗仏教にめざめて大乗の菩薩の修行を行っていながら、またもとの小乗仏教の境地である無余涅槃《むよねはん》にあこがれようとするのに対して、将来《しょうらい》の成仏《じょうぶつ》を約束する記莂《きべつ》を与《あた》えたことがある。大慧よ、私が声聞《しょうもん》にまで記莂を与えたのは、心の弱い人々に対して勇気と希望を与えるためなのである。大慧よ、この世界及び他《た》の仏国土《ぶっこくど》においても、衆生が大乗の菩薩《ぼさつ》の修行をしていながら、なお小乗の声聞などの修行に引かれるような時に、その心を引き止《と》めて大乗の悟りを得るようにさせるには、仏陀《ぶっだ》は応化身《おうけしん》の身《み》を現《げん》じて、応化《おうけ》の声聞《しょうもん》のために成仏《じょうぶつ》の約束をするのである。決《けっ》して大乗の報身仏とか法身仏として記莂《きべつ》を与えることなどしないのである」。

(空海が)喩釈《ゆしゃく》していいますと、この『楞伽経』の文によりますと、『法華経』という経典は(声聞に記莂を与えているのだから)応化仏の説法された経典ということになります。『法華経』巻第三「授記品《じゅきほん》」第六にそのことが説かれているからです。ところがある人はこの『法華経』は法身の説かれた教えだと主張しております。まことにはなはだしいあやまりというべきです。

(『楞伽経』という大乗経典では仏身に法身・報身・応化身の三身があることを

説き、しかもそれら三身にそれぞれ説法があることを明示している。つまり法身に説法のあることを示す数少《かずすく》ない経典で、空海はこの経を高く評価しており、本書冒頭の顕密の二教の相違を明示する経論の一つとして挙げているのである。次にもう一点、空海の主張は、法身の説法は真言密教だけであり、その法身は大日如来だけである、という。他の顕教は、法身以外の応身・化身・報身・応化身の説法された教えなのである。ところが『法華経』を法身の説かれた経である、という「或《あ》る者《ひと》」とは、筆者の調査によれば嘉祥《かじょう》大師・吉蔵に違いない。吉蔵の著『法華《ほっけ》玄論《げんろん》』『法華《ほっけ》義疏《ぎしょ》』『法華《ほっけ》遊意《ゆうい》』で、いずれにも『法華経』の教主は法身なりと明言している。——訳者注)

(六) 大乗法苑義林章

(法相宗《ほっそうしゅう》の大成者である中国唐代の)慈恩《じおん》大師・窺基《きき》の著『大乗法苑義林章《ほうおんぎりんじょう》』巻第一のうちの「二《に》諦義章《たいぎしょう》」のいうには、世俗諦《せぞくたい》(世俗の真理)と勝義諦《しょうぎたい》(仏陀から見た究極の真理)との二つの見かたに、それぞれ四段階がある。まず世俗

諦の四つの段階とは、

1. 世間世俗諦《せけんせぞくたい》――有名無実諦《うみょうむじったい》ともいい、世間一般のあやまったとらわれにもとづいた見方、迷いのうえに仮《かり》に「有《あ》る」と名づけられたもので、理として実体がない。

2. 道理世俗諦《どうりせぞくたい》――随事差別諦《ずいじしゃべったい》ともいう。因縁《いんねん》の道理を説き、肉体と心とが差別し見分ける事法にしたがって示される。

3. 証得世俗諦《しょうとくせぞくたい》――方便安立諦《ほうべんあんりゅうたい》ともいう。迷《まよ》いと悟《さと》りの因果関係を明らかにし、八正道《はっしょうどう》を修して涅槃《ねはん》を証得することを示す。

4. 勝義世俗諦《しょうぎせぞくたい》――仮名非安立諦《けみょうひあんりゅうたい》ともいう。自分の体験としての勝義の境地を説く。その場合も、真如《しんにょ》等の仮《かり》の名を用いるけれども、境地そのものは仮名《けみょう》の安立《あんりゅう》（仮《かり》に名づけて成《な》りたっているもの）を超《こ》えているから、仮名非《けみょうひ》安立《あんりゅう》という。

次に勝義諦の四つとは、

1. 世間勝義諦――体用顕現諦《たいゆうけんげんたい》ともいう。（以下のカッコは訳者の注。事相《じそう》が粗《そ》顕《けん》であることから世間といい、聖者の知り得る境地からは勝義という。体《たい》〈本質〉も用《ゆう》〈はたらき〉も因縁によってあらわれる、いわゆる依他起《えたき》の法を説く。）

2. 道理勝義諦――（苦《く》・集《じゅう》・滅《めつ》・道《どう》の四諦《したい》のわけを説き、悟りの境を示す。迷いと悟りの因果差別を明かす。）

3. 証得勝義諦――（勝義としての真如の理を証得することを示す。人法二空《にんぼうにくう》という大乗の空思想によって、真如の実体を示す。）

4. 勝義勝義諦――（真如法界《しんにょほっかい》の当相《とうそう》を示す。一切のことばを超えたところ、ことばではとうてい表わせない境地。）

（空海が）喩釈《ゆしゃく》しますと、この文章でいう勝義勝義、廃詮談旨《はいせんだんし》、聖智内証《しょうちないしょう》（仏陀の悟りそのまま）、一真法界《いっしんほっかい》（唯一の真実なる悟りの境界《きょうがい》）、体妙離言《たいみょうりごん》（本体が微《び》妙《みょう》で目にすることも、ことばで表わすこともできない）、というような、人間とはかけはなれた価値と受け止める見方こそ顕教《けんぎょう》の見方なのです。修行の段階でしか通用しない四種の言説（『釈論』巻第二にいわれる五種の言説《ごんぜつ》、相《そう》言説・夢《む》言説・妄執《もうじゅう》言説・無始言説・如義《にょぎ》言説の前《まえ》の四つを指す。如義言説だけが最高の価値、不二《ふに》摩訶衍《まかえん》を表わすことができる、という）ではとうてい説くことができないのであり、自性法身《じしょうほっしん》・真言教主大日如来だけが唯《ただ》一人、如義言説をもって、顕教では「かけ離れていて近づくことができない」という境界《きょうがい》を説かれるのです。これこそが真言密教なのです。『金剛頂経』などの密教経典がそれを示しております。

（七一）大智度論

（龍樹《りゅうじゅ》菩薩の著と伝えられる）『大智度論』の巻第五に次のような文があります。「不生《ふしょう》・不滅《ふめつ》・不断《ふだん》・不常《ふじょう》・不一《ふいっ》・不異《ふい》・不去《ふこ》・不来《ふらい》というのが諸法《しょほう》の実相《じっそう》である。因縁によって生じたものはすべて生《しょう》とか滅《めつ》とかの一辺《いっぺん》（かたより）を離《はな》れた、つまり誤《あやま》った議論を離れたものなのである。仏陀はこの旨《むね》を明らかに示されている。そのゆえに私は仏陀を礼《らい》し奉《たてまつ》るのである」。

（これを八不中道《はっぷちゅうどう》という。すなわち生・滅、断・常——断見と常見、虚無主義的な見方や反対に自我の不滅を信じたり――一・異、去《こ》・来《らい》というかたよった見方を捨《す》てて真実の中道の立場に立つ、これが三論宗《さんろんしゅう》の宗是《しゅうぜ》である。――訳者注）

またこうも言っています。「すべてのものは生《しょう》じたり滅《めつ》したりしたものではなく、不生とか不滅というわけのものでもなく、さればとて非生《ひしょう》・非滅《ひめつ》でもなく、非非《ひひ》不生滅《ふしょうめつ》でもない。解脱《げだつ》を得《う》れば、諸法《しょほう》は空《くう》でもなく不空《ふくう》でもない。空とか不空とかの一辺にこだわり執着《しゅうじゃく》した誤《あやま》った見方を捨て去っていけるのだが、そうした境地はことばではとうてい表わせないのであって仏法の深い部分であり、一切《いっさい》に通じてさまたげるもの無き境地であり、不動であり、退《しりぞ》くことのない無生法忍《むしょうぼうにん》の境界と名づけるところである。そしてこれは仏教の入口だというべきである」。

同じ『大智度論』の巻第三十一に言います。「因縁によって生じたもの（有《う》為《い》）を離れて、因縁を超《こ》えたもの（無《む》為《い》）はあり得《え》ない。なぜならば、この世の有為のものの実体は実は無為のものだからである。だからといって無為の当《とう》相《そう》がそのまま有為のものと同じだというわけではない。ただ衆生は有為・無為のどちらかの辺見《へんけん》に執着《しゅうじゃく》してしまっているから、自分で勝手に区分《く》けして、有為の姿は生《しょう》・滅《めつ》・住《じゅう》・異《い》の形をとって変遷《へんせん》していくものであり、無為の姿は不生・不滅・不住・不異だときめつけているだけなのである。そして、このような中道の教えは、仏法に入る最初の関門《かんもん》なのである」。

(七―二) 般若燈論

龍猛菩薩《りゅうみょうぼさつ》の偈《げ》を分別明菩薩《ふんべつみょうぼさつ》が釈《しゃく》した『般若燈論《はんにゃとうろん》』(本書の著者は六世紀初頭の清弁《しょうべん》〈分別明菩薩〉であるが、注釈される偈文《げもん》は龍猛〈龍樹〉の作った、有名な『中論〈頌《じゅ》〉』であるところから本文のように空海が引用したのである)の「観涅槃《かんねはん》品《ぼん》」に仏教批判《ひはん》の偈《げ》があり、そこには次の文があります。

「仏教では仏は本来、説法などしない。仏は分別《ふんべつ》を離れた存在なのだから。どうして大乗の教えを説くことがあろうか。では化仏《けぶつ》(他に身を変えた仏)が説法しているのかといえばそれも間違っている。

仏《ほとけ》が分別《ふんべつ》を離《はな》れて空《くう》であるならば、他《た》を救済《きゅうさい》しようという心《こころ》など無い筈《はず》である。それに化仏《けぶつ》というのは真実の仏ではない。悟りの世界では化仏が説法するなどということはない。分別を離れて空《くう》であるならば、他《た》を救済しようという心なぞ無い筈である。衆生が本来、固定的な本体が無いというならば、仏の本体も無い筈であり、当然に化仏も実体が無いわけであり、他を救《すく》うという大慈《だいじ》心《しん》も無いのである」。

この偈《げ》に対して清弁《しょうべん》師は注釈して言う、

「ここでいう仏教の悟りの世界とは、たしかに、一つの相にとどまらないという意味では無相《むそう》であり、そうした意味からすれば仏《ほとけ》も無相であり、大乗も無相であり、「ない」という表現も間違《まちが》いではない。悟りの境界《きょうがい》というものは、比《くら》べるもののない境地であるから、汝等外道《なんじらげどう》（仏教以外の宗教の人々）たちの説《と》いたこの偈文《げもん》は一見《いっけん》すると仏法の道理と等しいように見える。しかし私は、ここで、汝《なんじ》たちのために如来《にょらい》の身《み》について説明しよう。如来の身というものは、人間の分別を超《こ》えているのではあるが、その修行中からすでに、御自身や他の人々に利益《りやく》を与《あた》えようという願《ねが》いを持ちつづけておられるのであり、そうした大きな誓願《せいがん》の持つすばらしい力によって、一切の衆生《しゅじょう》のために、いつなんどきでも化仏《けぶつ》の身になって出現《しゅつげん》したものである。この化身《けしん》が文字や文章を書き、やがては声を出し、説法もされるのである。この大乗の仏《ほとけ》(如来《にょらい》)は仏教以外の教えを信奉《しんぽう》する人々や、また仏教であっても声聞《しょうもん》・縁覚《えんがく》のような小乗《しょうじょう》の人々とはまったくかけ離れたもので、人無我《にんむが》と法無我《ほうむが》を主張し(人法二空《にんぽうにくう》、人の心中に霊魂《れいこん》の実在を考えず、同時に五蘊《ごうん》・十二処《しょ》等の法も実体が無いと観破《かんぱ》する↓大乗仏教。――訳者注)、最もすぐれた智慧を達成《たっせい》しようと願う人々のための教えなのである。このために大乗仏教というのである。第一義諦《だいいちぎたい》(勝義諦)という真実の悟りの世界の仏《ほとけ》は、あらゆる分別を超えているから、一般にはわからなくとも現《げん》におられ、それによって化身《けしん》が生《しょう》じ、その化身が説法されるのである。したがって第一義諦の仏が結極は説法の原因となっているわけであるから、仏教では仏《ほとけ》が実在するというのも成り立つし、外道の人々が仏などいない、というのも、その立場からすれば一応当《あた》っている」。

またこういう文もあります。「第一義諦という悟《さと》りの境界《きょうがい》は、まぼろしのごとく、実体が無いのであって、説法するものも無いし、それを聴《き》くものも無い。だから如来は、説くべき場所など無いのであり、説くべき教えとて無いのである」と。

また同じ『般若燈論』の「観邪見品《かんじゃけんぼん》」に次のようにいいます。『般若経』の中に、仏《ほとけ》が勇猛極勇猛菩薩に告《つ》げられたことには、人間の肉体（色《しき》）の本性《ほんしょう》は空《くう》である（実体が無い）から種々の邪見《じゃけん》（誤《あやま》った見方）を起すところではないし、またその邪見を断《だん》じて空《くう》にかたよるべきところでもない。同様に、受《じゅ》（感覚）・想《そう》（表象）・行《ぎょう》（意思）・識《しき》（意識）なども、邪見を起《おこ》したり断《だん》じたりするというが、このようなかけ離れたところを般若波羅蜜《はんにゃはらみつ》（彼岸・悟りに到《いた》るための智慧《ちえ》）というのである。

いま、邪見を起《おこ》したり、差別《しゃべつ》の見《けん》を起したりする原因となる縁起《えんぎ》の法は、元来《がんらい》、固定した実体があるわけではない。こうした般若波羅蜜の境地というものは、一切のあやまった議論や、いや一《いっ》だ、いや多《た》だというような辺見をやめて、一切がまったく平静な状態であり、これこそが自《みずか》ら悟った教えであり、虚空《こくう》のごとき教えであり、一切の分別を離れた教えであり、最もすぐれた境界《きょうがい》を示す教えである。このような、皆がうるおう、真実にして甘露《かんろ》のごとき境地を、皆に指《さ》し示《しめ》すことこそ、この『般若燈論』の趣旨なのである」と。

(空海が)喩釈《ゆしゃく》していいます。いまここに挙《あ》げた『大智度論』や『般若燈論』の文を見ればはっきりわかるように、般若の思想――後に三論宗になる――というのは、種々の誤《あやま》った見方をやめて、絶対的な静寂《せいじゃく》と、まったくかけはなれた境地になることを、究極の目的としているのです。しかしこれらは、単に迷《まよ》いを払《はら》うという遮情《しゃじょう》の段階《だんかい》に過《す》ぎません。積極的に真実を表明し実現する表徳《ひょうとく》の教えではないのです。著者みずから〈この教えは真実の仏教に入《はい》る入口《いりぐち》である〉と述《の》べているではありませんか。心《こころ》ある智《ち》者《しゃ》は、この点をよくよく考えるべきであります。

(八) 大智度論

龍樹《りゅうじゅ》菩薩の『大智度論』の巻第三十八に次のように言います。「仏法の中に二つの見方がある。一は世間的な真実の見方、二は中道第一義諦（勝義諦）といい仏陀の悟りの立場からの見かたである。世間的な真実からいえばこれは相手の機根《きこん》（能力や性向）に応じた教えであるから、教えを説く仏があり、それを聞く聴衆がある、といい、仏の悟りから見れば逆に仏と衆生の差別などないから、仏も無く法を聴く衆生もいない、と説くことになる。

また次のような二種の区別ができる。名字の相《そう》を知る者と知らない者、たとえば軍隊の暗号《あんごう》を知っている者とそれを知らない者との区別のようなものだ。さらに訓練をはじめたばかりの人と永《なが》く訓練を積んでいる人、あるいはまた名字の相に執着《しゅうじゃく》している人と執着を離れた人、他人《たにん》の思《おも》いがわかる人とわからない人（ことばの表面的な意味しか知らずに勝手に解釈して自分なりに理解してしまう人）がある。以上のうち、名字の相を知らず、訓練をはじめたばかりの人、執着あり、他人の意を理解できぬ人々のためには、この世には仏も無く説法を聴く衆生も無いというほうがむしろ当っているし、逆に名字の相を知り、永く訓練を積み、執着を離れ、他人の意を理解できる人たちには、仏は説法しておられ、衆生はこれを聴くことができる、というより深い説明がふさわしいのである」。

（ここで空海が）喩釈《ゆしやく》していいますと、初めに記した初重《しよじゆう》の真俗《しんぞく》二諦は通常の通りの区別ですがその次に挙げた二諦は、受けとる側の機根《きこん》（能力、性向）によってのいわばより深い二諦であって、八種の人々のうちのはじめの四人の理解の浅い人々のためには、悟りの境界では仏も無く衆生も無い（仏と衆生の区別もなく説かれる教法も無く、聴くべき衆生というものも無い）といい、後の四人の、理解の深い人々のためには、前と反対に、仏の境界を説けないなどというのは浅い見方であり、仏の説法はあり、聴くべき衆生もあり、というべきです。ここで言う「密号」とか「名字の相」とかいうのはちょうど、密教に相当する部分であって、真言密教の中に説かれている部分なのです。

（『大智度論』の意味は、教法に真諦《しんたい》・俗諦《ぞくたい》の浅深《せんじん》があると同時に、受け取る側にも心の浅深があり、より深い理解力を持つ人々には真俗《しんぞく》二諦の説きかたが逆《ぎやく》になる、というのである。この論法を空海は、大乗諸教を超える密教に当てはめて、一般大乗の見方もより深い密教からすれば全く逆になることを示している。

また、悟りの内容は説けるものではない、とか仏の内証《ないしょう》（心の内容）はことばでは表わせないとかいうのは、まさに顕教の限界を示していることをここでも主張している。――訳者注）

『菩提場経《ぼだいじょうきょう》』に次の文があります。

「文殊師利菩薩《もんじゅしりぼさつ》が如来にたずねていう、世尊《せそん》はどれだけのお姿をもって説法されるのですか。如来は次のように答えたもうた。私はこの世界において無量無数の姿に身《み》を現《げん》じて、一切衆生《いっさいしゅじょう》を、ある時は正しく矯正《きょうせい》し、ある時は願いを成就《じょう じゅ》させる。如来は身《しん》・口《く》・意《い》の動作は無いけれども、一切衆生を、区別することなく、あらゆるものに示現《じげん》して救済《きゅうさい》するのである」と。

（前項で如来に説法ありということを示したので、その応化身《おうけしん》が相手の機根に

応じてさまざまに出現して衆生を救済する様子を紹介したのである。――訳者注）

「すなわち私は、帝釈天《たいしゃくてん》、梵王《ぼんのう》、大自在天、自然《じねん》、地《ち》、寂静《じゃくじょう》、涅槃《ねはん》、天、阿蘇羅《あそら》（阿修羅）、空《くう》、勝《しょう》、義《ぎ》、不実、三摩地《さんまじ》、悲者、慈《じ》、水天、龍、薬叉《やしゃ》、仙《せん》、三界主《さんかいしゅ》、光《こう》、火《か》、鬼主《きしゅ》、有《う》、不有《ふう》、分別、無分別、蘇弥盧《そめる》（須弥山《しゅみせん》）、金剛、常《じょう》、無常、真言《しんごん》、大真言、海《かい》、大海、日《にち》、月《がつ》、雲《うん》、大雲、人主《にんしゅ》、大人主、龍象《りゅうぞう》（高僧の尊称《そんしょう》）、阿《あ》羅漢《らかん》・害煩悩《がいぼんのう》、非異《ひい》、非不異《ひふい》、命《みょう》、非命《ひみょう》、山《せん》、大山《だいせん》、不滅、不生、真如《しんにょ》、真如《しんにょ》性《しょう》、実際、実際性、法界《ほっかい》、実《じつ》、無二、有相《うそう》、等々と名づけられる。文殊師利《もんじゅしり》よ、私はこの世界において、ここに挙《あ》げたほかにも五阿僧祇百千《ごあそうぎひゃくせん》という数《かぞ》えきれないほどの名前で呼ばれ、多くの衆生を教え導き利益《りやく》を与えてきたのである。如来は直接にはたらきかけないが、真言密教の加持の力によって示現した身によって法を説いているのである」と。

(九) 釈摩訶衍論

龍樹菩薩《りゅうじゅぼさつ》の『釈摩訶衍論《しゃくまかえんろん》』(前出)に次のように説かれています。

「言説《ごんぜつ》(言葉《ことば》)に五種類ある。また名字《みょうじ》(名前)に二種類ある。そして心量《しんりょう》(こころの置きどころ)に十種類ある。経典によって説き方はさまざまだが、いまこれらについて考えてみよう。

まず言説《ごんぜつ》に五つありというのは、一に相《そう》言説、二に夢《む》言説、三に妄執《もうじゅう》言説、四に無始《むし》言説、五に如義《にょぎ》言説である」と。

この五種の言説について『楞伽経《りょうがきょう》』巻第三には次のように説明されています。

「大慧菩薩《だいえぼさつ》よ、相《そう》言説とは形《かたち》とか形状外見《がいけん》にとらわれての言葉をいう。大慧《だいえ》よ、夢《む》言説とは、それまでに経験した虚妄《こもう》の心境、つまり夢《ゆめ》を見て覚《さ》めてから夢の中でのことを述べるような言葉のことである。大慧よ、執着《しゅうじゃく》言説とは、これまで経験したことにとらわれて語る言葉のことである。大慧よ、無始《むし》言説とは限り無き過去から現在までの誤《あやま》った考えにとらわれて、煩悩《ぼんのう》の種子《しゅうじ》に影響を受けて生《しょう》じた言葉である」と。

また『金剛三昧経《こんごうさんまいきょう》』巻第六には次のように説かれます。

「舎利弗《しゃりほつ》の申《もう》すには、すべての教えは言葉と文章で表わされますが、教えに含まれている深い意味は、言葉や文字だけではとうてい表わすことはできません。如来よ、あなたはそれをどのように説法なさるのですか。仏陀《ぶつだ》はそれに対してこう話された。私の説法というのは、汝《なんじ》たち世間に順《じゅん》じた生死《しょうじ》の世界からいえば不可説《ふかせつ》（仏陀の悟りの境界は、ことばでは表わせない）ということになろうが、私は実際には説法しているのだ。しかし私が説くのは真実のことばであって世間のことばではない。衆生の理解《りかい》することばは文語《もんご》というだけで義語《ぎご》ではない。真実の言説《ごんぜつ》以外はすべて実体が無いのである。実体の無い言説では、真実を説くことはできない。真実を語《かた》れないことばは、すべて妄語《もうご》（誤《あやま》ったことば）であるといえる。それに反《はん》して、真実のことばというものは、実《じつ》の空《くう》でありながらされればとて不空《ふくう》でもある。空《くう》でありながら実《じつ》でもあり、また不実であるともいえる。空《くう》とか実《じつ》とか、またその中間ということもいえない。それら三相《さんそう》を離れているのである。固定した居場所《いばしょ》など無く、真実そのものを表わす、真実のことばなのである。

五種の言説のうち、前の四つはいつわりの説であって、真実は説けない。第五の如義言説だけは真実のことばであり特別である。

『大乗起信論』で馬鳴《めみょう》菩薩が、〈如来の説法は言説を離れたものだ〉と述べているのは、前の四つの言説を指して述べているのである。

心の分類に十種あり、というのは、一に眼識心《げんしきしん》から耳識《にしき》心、鼻識《びしき》心、舌識《ぜつしき》心、身識心、意識心、末那識《まなしき》心、阿梨耶識《ありやしき》心、多一識《たいっしき》心、そして第十の一《いち》・一識《いちしき》心までである。この十種のうち前の九種の心は真実を思うことができないのであり、最後の一つだけが真実を思い、真実の教えを境界とすることができる。

『大乗起信論』で馬鳴菩薩が、〈如来の悟りは心の縁相《えんそう》（認識の対象となること）を離れたものである〉と述べているのは、前の九種の心量について述べたもので、不二摩訶衍《ふにまかえん》の価値《かち》は、最後の一・一識心だけが認識してその境界《きょうがい》となれるのである」。

（空海が）喩釈《ゆしやく》して申します。言語とか心量をはっきり区別して、この言語は悟りを説けないがこの言語は悟りを説ける、とか、この心は悟りを認識できないがこの心はできるというように、『釈論』に明確にこのように説かれているのです。顕教《けんぎよう》の智慧《ちえ》ある諸師《しよし》方《がた》よ、ここをよく読んで自分の誤《あやま》りを正《ただ》しなさい。

（空海はこの『釈論』の一文に真言密教と顕教の違いが明示されている、と受け止めている。――訳者注）

（十）菩提心論

『金剛頂発阿耨多羅三藐三菩提心論《こんごうちようほつあのくたらさんみやくさんぼだいしんろん》』（略して『菩提心論《ぼだいしんろん》』）にいう「諸仏・諸菩薩は、かつて修行しておられた時に、仏をめざして努力する心（菩提心）を発《おこ》しおわって勝義心《しようぎしん》、行願心《ぎようがんしん》、三摩地《さんまじ》心《しん》の三種の菩提心を一時も忘れることなく戒として持ち続け修行された。これが肝要《かんよう》である。そうすれば即身成仏は成就《じようじゆ》できる。これは真言密教においてのみ可能なもので、三摩地《さんまじ》の菩提心を特別に重要と考えるべきである。即身成仏の思想は真言密教以外では説かれていないのである」。

（勝義《しょうぎ》心とは自分が最もすぐれた教えをえらぶという研究心、行願心とは他人の願いを自身の願いとしてその実現に努《つと》める心、三摩地《さんまじ》心とは仏《ほとけ》・大日如来と一体となることをめざして三密行《さんみつぎょう》〈手に印契《いんげい》を結び、口に真言《しんごん》を誦《とな》え、心に大日如来を観《かん》ずる修行〉につとめる心。――訳者注）

（空海が）喩釈して申します。この『菩提心論』は龍樹菩薩が著作された多くの論書の中でも、密教にとって最も重要なものであります。顕教と密教の相違及び教えの浅い深いさらに成仏《じょうぶつ》の遅《おそ》い疾《はや》い、いずれが劣《おと》りいずれがすぐれているかなどがすべて説かれているのです。本文中に「即身成仏は諸教において闕《けっ》して書せず」と言っています。「諸教」とは先に表にしておいた他《た》受用身《じゅゆうしん》や変化身《へんげしん》などの仏身が説くところの顕教《けんぎょう》のことです。また「これ三摩地の法を説く」というのは自性法身・大日如来の説かれる真言密教の三摩地門《さんまじもん》（大日如来と一体になる修行法）のことであります。『金剛頂経』の大本《だいほん》十万頌《じゅ》をはじめとする密教経典が説いている教えなのです。

（多くの密教経典や論書の中でも「即身成仏」の四文字漢字が明示してあるものはほとんど無いといってよい。その点でこの『菩提心論』は貴重である。ちなみに、この書の後半の三摩地段《さんまじだん》には密教特有《とくゆう》の阿字観《あじかん》、月輪観《がちりんかん》等の観法《かんぼう》が詳《しょう》細《さい》に説かれており、空海はこの部分をそっくり『秘蔵宝鑰《ひぞうほうやく》』の第十、秘密荘厳《ひみつしょうごん》心《しん》の説明に当てている。——訳者注）

〈巻下〉

（十一）六波羅蜜経

『大乗理趣六波羅蜜多経《だいじょうりしゅろっぱらみったきょう》』巻第一にいいます。

「法宝《ほうぼう》（仏《ぶつ》・法《ぼう》・僧《そう》の三宝《さんぼう》のうちの法宝、仏陀のおしえのこと。――訳者注）はその本質は常に清《きよ》らかである。仏陀は次のように説いておられる。（人の心の）本体は清浄であるが、煩悩《ぼんのう》のよごれがおおっているのでよごれているのである。それはちょうど太陽の光を雲がかくしているようなものである。本来の清らかな法宝は、あらゆる徳を備《そな》えており、常《じょう》・楽《らく》・我《が》・浄《じょう》という大乗の如来の四徳《しとく》をすべて成就《じょうじゅ》している。この清らかな教《おし》えを求《もと》めるには、どうしたらよいのか。これは分別《ふんべつ》を超《こ》えた仏《ほとけ》の智慧《ちえ》のみが知ることができる。

第一の法宝とは大智慧《だいちえ》を備《そな》え、煩悩《ぼんのう》から解脱《げだつ》した法身仏《ほっしんぶつ》のことを指《さ》す。次に第二の法宝とは、戒律《かいりつ》と禅定《ぜんじょう》と智慧との三徳をいう。すなわち悟りをきわめるための実践修行の三十七道品《どうぼん》をいう。この法を実践《じっせん》することによって、清浄《しょうじょう》なる法身を成就《じょうじゅ》することができる。次に第三の法宝とは、過去からの無量の諸仏によって説かれた教法と、そして私がいま説いている教えを意味する。いわゆる仏教における八万四千《はちまんしせん》の教法のことである。これらの教えは、縁ある人々を、あるいは矯正《きょうせい》し、あるいは純化し、成熟《せいじゅく》させてくれる。特に阿難陀《あなんだ》等の仏弟子《ぶつでし》の耳に聞かせ、そのすべてを覚《おぼ》え込《こ》ませる教えである。この教えは五つに分けられる。一に経《きょう》、二に律《りつ》、三に論《ろん》、四に慧度《えど》(彼岸《ひがん》に到《いた》るための智慧、すなわち般若波羅蜜多)、五に総持門《そうじもん》(陀羅尼門《だらにもん》、陀羅尼蔵《だらにぞう》)である。仏陀はこの五種の教法によって人々を教化し、人々の機根《きこん》に応じて教えを与《あた》えるのである。

もし人《ひと》あって山林に住んでつねに閑《しず》かな中で考えるような修行をしたい場合には、仏陀は彼《かれ》のために経蔵《きょうぞう》を説かれる。あるいは身《み》づくろいをきちんと正《ただ》し、正法《しょうぼう》を守り戒律《かいりつ》を守って教団が乱れないような修行をしたい人々には律蔵《りつぞう》を説かれる。次に、性《しょう》と相《そう》とを区別して学び研鑽《けんさん》を続けて深い意義を学びたい人々には論蔵《ろんぞう》を説かれる。その人が大乗の真実を学んで人執《にんしゅう》と法執《ほっしゅう》とのあやまった見方を離れて中道《ちゅうどう》の正見《しょうけん》に立とうと願う場合には般若波羅蜜多蔵を説かれる。（人執《にんしゅう》とは心中に固定的な霊魂《れいこん》やアートマンが実在すると考えるあやまり。法執《ほっしゅう》とは五蘊《ごうん》などの法が実在すると考えるあやまり、大乗仏教はこの二つの誤りを離れて人《にん》法二空《ぼうにくう》を達観《たっかん》することをめざす。――訳者注）

さらにその人が、以上に述べた経《きょう》、律《りつ》、論《ろん》、般若《はんにゃ》の教えを学び続けることができず、あるいは比丘《びく》の四重戒《しじゅうかい》（不殺生《ふせつしょう》、不偸盗《ふちゅうとう》、不邪婬《ふじゃいん》、不妄語《ふもうご》）あるいは比《び》丘尼《くに》の八重戒《はちじゅうかい》を守れず、あるいは五逆罪《ごぎゃくざい》（父を殺し、母を殺し、阿羅漢《あらかん》〈聖《せい》者《じゃ》〉を殺し、仏身より血《ち》を出《いだ》し〈ケガをさせる〉、和合僧《わごうそう》を犯《おか》し〈教団の秩序をみだす〉）、大乗経典を誹謗《ひぼう》し、仏種《ぶっしゅ》を滅《めっ》するごとき等の重罪を犯《おか》し、その罪を消滅させて解脱《げだつ》を得てすみやかに安らかな境地に至りたい場合には、仏陀は彼のために陀羅尼蔵《だらにぞう》を説くのである。

この五法蔵はそれぞれ順に、乳《にゅう》・酪《らく》・生蘇《しょうそ》・熟蘇《じゅくそ》・醍醐《だいご》にたとえられる。経《きょう》は乳に、律《りつ》は酪《らく》に、論は生蘇《しょうそ》に、般若《はんにゃ》は熟蘇《じゅくそ》に、総持門《そうじもん》は醍醐《だいご》にたとえられる。この中で醍醐は最もよい味であり、これを飲めば病気がなおり、心体が安らかになる。同様に総持門の教えは、この中で最もききめがあり、重罪も消滅し、人々は生死《しょうじ》の世界を乗り超えて、仏教の究極の目標である法身をすみやかに証《しょう》得《とく》することができる」。

「また次に慈氏《じし》（弥勒《みろく》）菩薩《ぼさつ》よ、私が入滅《にゅうめつ》したのちには、阿難《あなん》には経蔵を、鄔《う》波離《ぱーり》には律《りつ》蔵を、迦多衍那《かたえんな》には論蔵を、曼殊室利《まんじゅしり》には般若波羅蜜多蔵を、そして金剛手《こんごうしゅ》菩薩には甚深微妙《じんじんみみょう》なる総持《そうじ》門《もん》を受持させることにする」と。

（空海が）喩釈していいます。いまのこの経文によれば、仏陀は五味を五蔵に配当され、密教を意味する総持門を最美味《さいびみ》の醍醐《だいご》に当て、あとの四蔵を四味に当てておられる。（密教が特別にすぐれていることを明示《めいじ》されているではないか、という意味）。ところが中国の各宗の学者たちは、みな自分の宗派のことを最高の醍醐だと言い争っているのです。この経典を見れば、そういう主張があやまりであることが説明がいらないほど明らかなのです。

（ここで空海が『大乗理趣六波羅蜜多経』を長文で引用したのは、この大乗経典に、如来の教法を五種に分け、その最も深い教えを「陀羅尼門《だらにもん》」という密教的な名をつけていること、そしてこの陀羅尼門を受持《じゅじ》すれば一切の病《やまい》からのがれられるし、いかなる重罪も消滅できると説いてあること、そして最後に金剛手菩薩という密教の菩薩を登場させて総持門（陀羅尼門）を受持させる、と述べているためである。空海は、この経の説相は、密教を示唆《しさ》している、と受け取ったのである。――訳者注）

（十二）入楞伽経

『楞伽経《りょうがきょう》』の巻第九にいう、「私（仏陀）の内心の悟りの境界《きょうがい》は、少しも誤ったものではない。如来が入滅されたのちには、だれがこれを心《こころ》に持《じ》して説法してくれるのだろうか。その時には必ずある人物が登場するであろう。大慧《だいえ》よ、汝《なんじ》あきらかに聴《き》くがよい、ある人物が出て私の教えを説いてくれる、というのは、インドにおいて龍樹《りゅうじゅ》菩薩という高僧が出世《しゅつせ》するであろう。有《う》・無《む》の辺見《へんけん》を離れ、人々を救済するために、私の教えである大乗仏教の、この上無《うえな》き教えを説くであろう」。

（空海が）喩釈しています。ここで「わが乗《じょう》たる内証智《ないしょうち》」というのは、まさしく真言密教のことを指しているのです。如来も明言しているではないですか、「龍樹という菩薩が出て密教を説き明かしてくれる」と。智慧ある人々よ、経のこのことばを疑いためらってはなりません。

（十三）入楞伽経

『楞伽経《りょうがきょう》』の巻第二に、またこうあります。

「また次に大慧菩薩よ、法身仏《ほっしんぶつ》より化現《けげん》した報身《ほうじん》の説法は、自相《じそう》と他相《たそう》の区別がつかず、誤った相にとらわれて、あれやこれやを勝手に分別してしまう心で説かれる。大慧よ、これは分別心による誤った本質と姿というべきである。これが報身仏の説法なのである。

大慧よ、これに対して法身仏の説法とは、迷いの心に相応する体《たい》（本質）から、かけ離れたものであって、まさに仏《ほとけ》の内心であり、悟りの聖《せい》なる境界《きょうがい》であり、これを法身仏の説法というのである。

大慧よ、応化仏《おうけぶつ》の活動、応化仏の説法とは、布施《ふせ》・持戒《じかい》・忍辱《にんにく》・精進《しょうじん》・禅定《ぜんじょう》・智慧《ちえ》の六波羅蜜《ろっぱらみつ》を説いたり、五蘊《ごうん》・十二処《じゅうにしょ》・十八界《じゅうはっかい》などの法《ほう》の無我《むが》を説いて解脱《げだつ》をすすめたり、眼《げん》・耳《に》・鼻《び》・舌《ぜつ》・身《しん》、第六識、七識、八識などの違いを説いたり、あるいは仏教以外の教えの無色界《むしきかい》の次第《しだい》などを説くのである。大慧よ、これが応化仏の活動であり応化仏の説法の内容である。

また次に大慧よ、法身仏の説法は、修行して登りつけるようなものでもなく、主体的な見かたや客観的な見かたから離れたものであり、はたらきとか分量とかではかれないものである。だから声聞《しょうもん》とか縁覚《えんがく》の二乗教《にじょうきょう》（小乗、南方仏教）の人々や、仏教以外の外教《げきょう》の人々では、とうていうかがい知れない心境なのである」と。

また同じく『楞伽経』の巻第八にいいます。

「大慧よ、応化仏が衆生を教化するための説法は、真実を説法するのとは異なっている。仏陀の悟りの内容そのものの境地をそのまま説いたものではない」と。

（空海が）喩釈《ゆしゃく》して申しますと、いまこの経《きょう》によれば、法身・報身・応化身の三身《さんじん》にそれぞれ説法《せっぽう》があり、応化仏は悟りの内容そのものは説かないことが明らかにされています。そして法身仏だけが、そうした悟りそのものをお説きになるというのです。さらにこれ以後の証文を見れば、このことが明らかになると思います。

（十四―一）五秘密経

『金剛頂五秘密経《こんごうちょうごひみつきょう》』（不空訳『金剛頂瑜伽《ゆが》金剛薩埵《こんごうさった》五秘密修行念誦儀軌《ねんじゅぎき》』、略して『五秘密儀軌《ぎき》』とも）に次のように説かれています。

「もし顕教《けんぎょう》について修行する人は、三大無数劫《さんだいむしゅこう》という長い時間を経《へ》てのちに無《む》上菩提《じょうぼだい》（最高の悟り）を証することになるのだが、その間《かん》にあっても、あるいは進み、あるいは退き《しりぞ》、なかなか進めるものではない。中には大乗の菩薩《ぼさつ》の高い境地の七地《しちじ》の菩薩にたどりつきながら、小乗のめざす阿羅漢果《あらかんか》（小乗仏教のめざす聖者《せいじゃ》の地位）を志向《しこう》してしまって、大乗の悟りにたどりつけないのである」。

（ここで「顕教《けんぎょう》」という用語について注意すべきである。空海以前で密教と対比して顕教の語を用いているのは、この経典のこの部分だけである。――訳者注）

「もし毗盧遮那仏《びるしゃなぶつ》・自受用身所説《じじゅゆうしんしょせつ》の内証《ないしょう》、自覚聖智《しょうち》の法、及び大普賢金剛薩埵《だいふげんこんごうさった》・他受用身《たじゅゆうしん》の智によらば、すなわち現生《げんしょう》において曼荼羅阿闍梨《まんだらあじゃり》に遇逢《あ》い曼荼羅《まんだ ら》に入《い》ることを得《え》て羯磨《こんま》を具足《ぐそく》することを為《な》し、普賢三摩地《ふげんさんまじ》（普賢菩薩《ふげんぼさつ》の心）をもって金剛薩埵《こんごうさった》を引入《いんにゅう》してその身中《しんちゅう》に入《い》る。加持《かじ》の威徳力《いとくりき》によるがゆえに、須臾《しゅゆ》の頃《あいだ》において、まさに無量の三昧耶《さんまや》、無量の陀羅尼門《だらにもん》を証《しょう》すべし。不思議の法をもってよく弟子《でし》の倶生我執《くしょうがしゅう》の種子《しゅうじ》を変易《へんにゃく》して、時に応じて身中に一大阿僧祇劫《あそうぎこう》（数えきれないほど多数）の所集《しょしゅう》の福徳智慧を集得《じっとく》して、すなわち仏家《ぶっけ》に生在《しょうざい》すとなす（大日如来と同体となる）。わずかに曼荼羅を見る時はすなわち金剛界《こんごうかい》の種子を種《う》えて、具《つぶ》さに灌頂受職《かんじょうじゅしき》の金剛名号《こんごうみょうごう》を受く。これより已後《いご》、広《こう》大甚深不思議《だいじんじんふしぎ》の法を受得《じゅとく》して、二乗十地《にじょうじゅっち》を超越《ちょうおつ》す」。

（空海が）喩釈《ゆしゃく》して申します。顕教でいうところの「ほとけの悟りの境地《きょうち》というものは、ことばでは表わせないし、人の心では押しはかれない」という境界こそ、真言密教でいう大日如来のお心そのものなのであります。『瓔珞経《ようらくきょう》』によりますと（勝又俊教博士編『弘法大師著作全集』第一巻の注によれば『瓔珞経』には以下の文は無く、慈恩大師基窺《じおんだいしきき》著の『大乗法苑義林章《ほうおんぎりんじょう》』にこの文があり、空海はこれに依《よ》っていると思われる）、毘盧遮那は理法身《りほっしん》、盧遮那《るしゃな》は智法身《ちほっしん》、釈《しゃ》迦《か》を化身《けしん》という仏身の分類をしておりますが、この『金剛頂五秘密経』の述べている毘盧遮那仏・自受用身によって示される密教の内容、つまり法身が自らの悟りの心そのものを説かれた教えは、理法身と智法身とを合《あ》わせ持《も》った、いわば理智《りち》法身《ほっしん》の境界《きょうがい》ということができましょう。

（法身を理と智の二面に開く考え方は、善無畏《ぜんむい》訳の『三種悉地《さんしゅしつじ》破地《はじ》獄《ごく》儀軌《ぎき》』などに見られ、これは中国での展開ではないかと推測される。それはともかく、空海にとっては、法身に智のはたらきがある、という考え方はまことに好《この》ましいのであり、法身説法、法身大日如来への大切な論証《ろんしょう》と受け取っているのである。なお、この経文以下のいくつかの証文は、古くから真言宗では、「不読段《ふどくだん》」

と称《しょう》して、余計な注釈を加えないことになっている。筆者もこれにならうことにしたい。なぜ不読段にしたかというと、これらの文は、真言密教を志《こころざ》す行者《ぎょうじゃ》が、灌頂道場《かんじょうどうじょう》に引入《いんにゅう》されて、阿闍梨《あじゃり》〈師僧〉からまのあたりに法を受ける内容であり、たとえこれを解釈してみてもなにもわからず、なにもつかめないうえに、余計な先入観ができてしまって、ためにならないからである。したがって空海の喩釈のみにとどめたいと思う。読者各位にはぜひ御理解をいただきたい。

——訳者注）

（十四—二）金剛頂瑜祇経

（次も不《ふ》読段《どくだん》である）

また『金剛頂瑜祇経《こんごうちょうゆぎきょう》』にいわく、「金剛界遍照《へんじょう》如来、五智《ごち》所成《しょじょう》の四種《し》法身《しゅほっしん》をもって、本有《ほんぬ》金剛界金剛心殿《こんごうしんでん》の中において、自性所成《じしょうしょじょう》の眷属《けんぞく》ないし微細法身《みさいほっしん》の秘密心地《しんじ》の十地《じゅっち》を超過《ちょうか》せる身《しん》・語《ご》・心《しん》の金剛とともなり」等のごとく云々《うんぬん》。またいわく「諸地《しょじ》の菩薩よく見ることあることなし。ともに覚知《かくち》せず」云々。

(語句について一言すれば、「五智所成《しょじょう》の四種《し しゅ》法身《ほっしん》」という表現などは、真言密教の核心《かくしん》を示している。もともと唯識《ゆいしき》教学(法相宗の教義)では仏陀の智慧を大円鏡智、平等性智、妙観察智、成所作智《じょうそさっち》の四種に分類し、一般の衆生の所有している第八識、第七識、第六識、前五識〈眼・耳・鼻・舌・身〉の四種の識と相対させ、四識を転じて仏智を得る、転識得智《てんじきとくち》をめざしたのである。後の密教ではこの四智にさらに法界体性智《ほっかいたいしょうち》という一智を加えて五智とし、大日如来をとりまく四仏《しぶつ》〈金剛界の五仏〉に配当して、「五智五仏」という仏陀観を形成した。この考え方は空海以前に形成されており、不空訳経典に見えるところから、恵果《けいか》の師である不空が、努力したものと考えられる。次に四種法身というのは、これも大乗仏教で仏身を三種に分ける考え方のうち、自性・受用・変化の三身説があり、密教ではこれに等流身《とうるしん》を加えて四身とし、これらすべては法身であるとする考えによって四種法身という見方が出来上がったのであり、あらゆる生命体の当体をなす大日如来の実在することから考えればすべては法身となるのであり、これも大乗から密教への展開を示すものである。

密教で忘れてならないのは、大日を中心とした五智五仏のマンダラを自らの心に置くことであり、こうすることによって私たち普通の人間も法身大日如来と密接な関係にあることを実感できるのである。こうした心の実感は、密教の観法《かんぼう》に属《ぞく》するものであって、ここに真言密教の真骨頂《しんこっちょう》がある、というのが空海の考え方である。――訳者注）

（十四―三）分別聖位経

（この段も不読段であるから、注は最少限にし原文を書き下《くだ》すにとどめ、空海の喩《ゆ》釈《しゃく》に耳を傾《かたむ》けることにする）また『分別聖位経《ふんべつしょういぎょう》』にこういいます。

「自《じ》受用仏《じゅゆうぶつ》は心《しん》より無量の菩薩《ぼさつ》を流出《るしゅつ》す。みな同一性《どういっしょう》なり。いわく金剛の性《しょう》なり。かくのごとくの諸仏・菩薩は、自《じ》受法楽《じゅほうらく》のゆえにおのおの自証《じしょう》の三密門《さんみつもん》を説きたもう」云々《うんぬん》。

（この趣旨は、自受用仏が自受法楽〈自《みずか》らの悟りを楽しむ〉のために内心の境地をそのまま説かれた教えが密教だ、ということである。これを不読段と定めた先徳の思いを察するに、「自受用仏が心《しん》より無量の菩薩を流出《るしゅつ》する」という文であり、これを普通に理解してしまうと、さながら外教《げきょう》に見られる創造神話《そうぞうしんわ》と混同されてしまう恐れがあるからであろう。仏教においては釈尊の叡智《えいち》によって無我論《むがろん》（非我《ひが》とも）や中道《ちゅうどう》が説かれ、神話の神を信じなくともよいし、それを否定する必要も無い、という確固たる立場に立っている。大乗の諸如来も真言密教の大日如来も、神話の神《かみ》ではない。限り無く高い人格なのである。大日如来という仏陀も、あくまで人間釈尊から出発し、釈尊の八十年のご生涯を宇宙大に拡大した人格である。多くの人々はこれをとり違えて、あるいは宇宙の霊力《れいりき》とか宇宙の大生命とか表現したり、他教の太陽神と同一だとか、誤った説を述べている。もしこうした誤解を許せば、大乗諸宗も真言宗も、仏教ではなくなってしまうのである。神話の神や創造神話にとらわれずに、限りなく高い人格に帰依するという、釈尊の金字塔を無視してしまっては、どうにもならない。後学の者は大いに注意しなければならない。――訳者注）

（ここからは空海の考えである）ここに挙《あ》げた経文《きょうもん》はすべて自性《じしょう》・自《じ》受用仏《じゅゆうぶつ》・

理智法身《りちほっしん》の境界《きょうがい》であります。こうした法身が、ご自身の法楽のために悟りの内容そのものを説かれているのです。前に示した『楞伽経《りょうが》』の文に、「法身仏は悟りの内容をそのまま説かれるが、応化仏はそうではない」とあったのと意味が合致《がっち》しているではありませんか。顕教《けんぎょう》では、悟りの内容というものは人間の考えとはかけ離れていて、ことばでも表わせないし、心で受けとめることもできない、といっている部分がまさにこれなのです。

智慧ある人々がこれらの文を見れば、雲霧《うんむ》はたちまちに晴れ、鑰《かぎ》も自然に開《あ》いて、井戸の底に閉じ込められていた魚は、自由に大海《たいかい》を泳ぎはじめ、垣根にとりかこまれていた鳥も自由に大空を飛べるようになるでしょう。乳のなんたるかを知らない幼児たちも、はじめて牛乳の色というものがわかるようになり、永く続いた暗い闇もたちまちに日の光に照らされることになるのであります。

（十五）分別聖位経

（次も不読段である）『金剛頂分別聖位経《こんごうちょうふんべつしょういぎょう》』にこうあります。「真言陀羅尼宗《だらにしゅう》というは、一切如来秘奥《ひおう》の教《おし》え、自覚聖智修証《じかくしょうちしゅしょう》の法門《ほうもん》なり。またこれ一切如来の海会《かいえ》の壇《だん》に入《い》って菩薩の職位《しきい》を受け、三界《さんがい》を超過《ちょうか》して仏《ほとけ》の教勅《きょうちょく》を受くる三摩地《さんまじ》門《もん》なり。この因縁《いんねん》を具《ぐ》すれば、頓《すみや》かに功徳広大《くどくこうだい》の智慧を集めて無上菩提《むじょうぼだい》においてみな退転《たいてん》せず。もろもろの天魔《てんま》、一切の煩悩《ぼんのう》及びもろもろの罪障《ざいしょう》を離《はな》れ、念々《ねんねん》に消融《しょうゆう》して仏の四種身《ししゅしん》を証《しょう》す。いわく自性身《じしょうしん》・受用身《じゅゆうしん》・変化身《へんげしん》・等流身《とうるしん》なり。五智三十七等の不共《ふぐ》の仏の法門を満足す。(以下のカッコ内は空海の注、これは宗の大意を幖《ひょう》す。)

しかも如来《にょらい》の変化身《へんげしん》は、閻浮提《えんぶだい》・摩竭陀国《まかだこく》の菩提《ぼだい》道場において等正覚《とうしょうがく》を成《じょう》し、地前《じぜん》の菩薩《ぼさつ》・声聞《しょうもん》・縁覚《えんがく》・凡夫《ぼんぶ》のために三乗《さんじょう》の教法を説き、あるいは他意趣《たいしゅ》によって説き、あるいは自意趣《じいしゅ》にして説きたもう。種々《しゅじゅ》の根器《こんき》、種々《しゅじゅ》の方便《ほうべん》をもて説《せつ》の如《ごと》く修行すれば、人天《にんてん》の果報《かほう》を得《え》、あるいは三乗解脱《げだつ》の果《か》を得《え》、あるいは進みあるいは退《しりぞ》いて、無上菩提において三大無数《さんだいむす》大劫《だいこう》に修行し勤苦《ごんく》して、まさに成仏することを得。王宮《おうきゅう》に生じ双樹《そうじゅ》に滅《めつ》して身《しん》の舎利《しゃり》を遺《のこ》す。塔を起《た》てて供《く》養《よう》すれば、人天《にんてん》勝妙の果報《かほう》及び涅槃《ねはん》の因《いん》を感受《かんじゅ》す。(これは略して釈迦《しゃか》如来の教え及び得益《とくやく》を表わすなり。）

報身《ほうじん》の毘盧遮那《びるしゃな》、色界頂第四禅《しきかいちょうだいしぜん》、阿迦尼吒天宮《あかにだてんぐう》において、雲集《うんじゅう》せる尽虚空遍《じんこくうへん》法界《ほっかい》の一切の諸仏、十地《じゅっち》満足の諸大菩薩を証明《しょうみょう》として、身心を驚覚《きょうがく》して、頓《すみやか》に無上菩提を証《しょう》するには同じからず。（これは他受用身《たじゅゆうしん》の説法、得益《とくやく》を表わす。）

自受用仏《じじゅゆうぶつ》は心《しん》より無量の菩薩を流出《るしゅつ》す。みな同一性《どういっしょう》なり。いわく金剛《こんごう》の性《しょう》なり。遍照《へんじょう》如来に対して灌頂《かんじょう》の職位《しきい》を受く。彼等《かれら》の菩薩おのおの三密門を説いて、もって毘盧遮那《びるしゃな》及び一切如来に献《けん》じて、すなわち加持教勅《かじきょうちょく》を請《しょう》す。毘盧遮那仏のたまわく、汝等《なんじら》将来、無量の世界において、最上乗者《さいじょうじょうしゃ》のために、現生《げんしょう》に、世《せ》・出世間《しゅつせけん》の悉地成就《しつじじょうじゅ》を得《え》しむべし。彼《か》のもろもろの菩薩、如来の勅《ちょく》を受け已《おわ》って、仏足《ぶっそく》を頂礼《ちょうらい》し、毘盧遮那を囲繞《いにょう》し已《おわ》って、おのおのの本方本位《ほんぽうほんい》に還《かえ》って、五輪《ごりん》と成《な》って、本幖幟《ほんひょうじき》を持《じ》せり。もしは見《み》、もしは聞《き》き、もしは輪壇《りんだん》に入《い》りぬれば、よく有情《うじょう》の五趣輪《ごしゅりん》を断《だん》じ、生死《しょうじ》の業障《ごっしょう》を断じ、五解脱輪《ごげだつりん》の中において、一仏より一仏に至るまで供養承事《くようしょうじ》して、みな無上菩提を獲得《ぎゃくとく》して、決定《けつじょう》の性《しょう》を成《じょう》ぜしむ。なお金剛の沮壊《そえ》すべからざるが如し。これすなわち毘盧遮那の聖衆《しょうじゅ》集会《しゅうえ》なり。すなわち現証窣都婆塔《げんしょうそとばとう》となる。一一《いちいち》の菩薩、一一の金剛、おのおの本三昧《ほんざんまい》に住《じゅう》して、自解脱《じげだつ》に住す。みな大悲願力《だいひがんりき》に住して、広く有情《うじょう》を利《り》す。もしは見《み》、もしは聞き、ことごとく三昧を証して、功徳《くどく》智慧、頓集成就《とんじゅうじょうじゅ》す（これは自性身・自受用身の説法及び得益《とくやく》を説く）。

（この一段は『分別聖位経《ふんべつしょういぎょう》』の序文に相当するところで、経の訳者の不空が書き加えたとも考えられる。ここに「真言陀羅尼宗《だらにしゅう》」という語が見られるが、これは真言宗を意味するのかどうか、はっきりしていない。他の密教経典にはどこにも見られない。ここに一つ見えるだけでは、当時の中国にこう呼ばれる宗団があったのか、否《いな》か、定めることはできない。

次に『分別聖位経』の名の通り、この経は聖位《しょうい》（仏《ほとけ》の位《くらい》）を分別する（区分けする）のであり、ここでは仏位《ぶっち》を三種に分けて説いている。その三種とは、「如来の変化身」、「報身毘盧遮那《ほうじんびるしゃな》」、「自受用仏《じじゅゆうぶつ》」である。経文に空海は自註をつけてそれぞれ「釈迦如来」、「他受用身」、「自性・自受用身」としている。『分別聖位経』の三身の分類は空海の三身とは必ずしも一致しているとは思われないが空海は自身の三身説に合わせて註を加えているのである。したがって『分別聖位経』の分類は、空海以前の密教経典でのめずらしい例である。空海はいまだ十分とはいえない経の三身を頭に置きながら、『金光明経』の三身説をヒントに自身の三身説を形成したのである。この点は本書の冒頭にすでに述べた通りである。

なおこの箇所を真言密教で不読段としているのは前と同様に「自受用仏は心より無量の菩薩を流出《るしゅつ》する」という表現があり、これらは外教の創造神話《そうぞうしんわ》と混同される恐れがある、と考えたためであろう。――訳者注）

（空海が）喩釈して申しますと、この経には仏《ほとけ》の三身《さんじん》にそれぞれ説法があり、それらに浅い深いの違いや成仏《じょうぶつ》の遅《おそ》い速《はや》いなど、どれがすぐれどれが劣《おと》っているかなどがはっきりと示されているのです。前にあげた『楞伽経《りょうがきょう》』の「三身《さんじん》にそれぞれ説法《せっぽう》あり」という文と要旨《ようし》はまったく同一であります。顕教の学者がたは「法身は説法せず」といいますが、これは正しくないことがわかります。顕教と密教との違いはこのように明らかなのです。よくよく詳細《しょうさい》に考えるべきであります。

第三節　引証註解

(一) 金剛頂一切瑜祇経

『金剛頂一切瑜祇経《ゆぎきょう》』にこうあります。

(以下も不読段《ふどくだん》であるから読み下しにとどめる)「一時薄伽梵《ばかぼん》、金剛界遍照如来(以下のカッコ内は空海の注である。——これは惣句《そうく》をもって諸尊の徳を歎《たん》ず)、五《ご》智所成《ちしょじょう》の四種法身《ししゅほっしん》をもって(いわく五智とは一に大円鏡智、二に平等性智、三に妙観察智、四に成所作智《じょうそさっち》、五に法界体性智なり。すなわちこれ五方《ごほう》の仏《ほとけ》なり。次《つい》での如く東・南・西・北・中に配してこれを知れ。四種法身とは一に自性身、二に受用身、三に変化身、四に等流身《とうるしん》なり、この四種身に竪《しゅ》・横《おう》の二義を具せり。横《おう》はすなわち自利《じり》、竪《しゅ》はすなわち利他《りた》なり、深義《じんぎ》はさらに問《と》え)、本有《ほんぬ》金剛界《こんごうかい》(これは性《しょう》徳《とく》法界体性智を明かす)、自在大三昧耶《だいさんまや》(これはすなわち妙観察智)、自覚本初《じかくほんしょ》(平等性智《びょうどうしょうち》)、大菩提心普賢満月(大円鏡智)、不壊金剛光明心殿《ふえこんごうこうみょうしんでん》の中において(いわく不壊金剛とは惣じて諸尊の常住の身《しん》を歎《たん》ず。光明心とは心《しん》の覚徳《かくとく》を歎ず。殿《でん》とは心身《しんじん》の互《たが》いに能住《のうじゅう》・所住《しょじゅう》となることを明かす。中とは語密、また離辺《りへん》の義なり。これはこれ三密なり。かの五辺百非《ごへんひゃっぴ》を離れて、独《ひと》り非中《ひちゅう》の中《ちゅう》に住《じゅう》す。等覚十地《とうがくじゅうち》も見《けん》聞《もん》することあたわず。いわゆる法身自証の境界《きょうがい》なり。またこれ成所作智《じょうそさっち》なり。三密の業用《ごうゆう》みなこれより生《しょう》ず。已上《いじょう》の五句は惣《そう》じて住処《じゅうしょ》を明《あ》かす。住処の名《な》は五仏の秘《ひ》号妙徳《ごうみょうとく》なり。密意《みっち》を知んぬべし)、自性所成《じしょうしょじょう》の眷属《けんぞく》、金剛手《こんごうしゅ》等の十六大菩薩及び四摂行天女使《ししょうぎょうてんにょし》、金剛内外《ないげ》の八供養《はっくよう》天女使とともなり。

おのおのに本誓加持《ほんぜいかじ》をもって、自《みずか》ら金剛月輪《こんごうがちりん》に住し、本三摩地《ほんさんまじ》標幟《ひょうじ》を持《じ》せり。みな微細法身秘密心地《みさいほうしんひみつしんじ》の十地《じゅうち》を超過《ちょうか》せる身《しん》・語《ご》・心《しん》の金剛なり(これは三十七根本自性法身《こんぽんじしょうほっしん》の内眷属智《ないけんぞくち》を明《あ》かす)。おのおの五智の光明峯杵《こうみょうぶしょ》において、五億倶《く》胝《てい》の微細《みさい》の金剛を出現《しゅつげん》して虚空法界《こくうほっかい》に遍満《へんまん》せり。諸地《しょじ》の菩薩、よく見ることあることなし。ともに覚知《かくち》せず。熾燃《しねん》の光明、自在《じざい》の威力《いりき》あり（これは三十七尊の根本五智に、おのおの恒沙《ごうじゃ》の性徳《しょうとく》を具《ぐ》すことを明《あ》かす。もし次第《しだい》に約《やく》すれば出現《しゅつげん》の文《もん》あり。もし本有《ほんぬ》に拠《よ》らば倶時《くじ》にかくの如くの諸徳《しょとく》を円満《えんまん》す）。常《つね》に三世《さんぜ》において不壊《ふえ》の化身《けしん》にして、有情《うじょう》を利楽《りらく》して時として暫《しばら》くも息《やす》むことなし（いわく三《さん》世《ぜ》とは三密《さんみつ》なり。不壊《ふえ》とは金剛《こんごう》を表《あら》わす。化《け》とは業用《ごうゆう》なり。いわく、常に金剛の三密の業用《ごうゆう》をもって、三世《さんぜ》にわたって、自他《じた》の有情《うじょう》をして妙法《みょうほう》の楽《らく》を受《う》けしむ）。

金剛自性《こんごうじしょう》（阿閦仏《あしゅくぶつ》の印《いん》）、光明遍照《こうみょうへんじょう》と（宝光仏《ほうこうぶつ》の印《いん》）清浄不壊《しょうじょうふえ》（清浄法界身《しょうじょうほっかいしん》の印《いん》）、種々《しゅじゅ》の業用《ごうゆう》と（羯磨智身《かつまちしん》の印《いん》）方便加持《ほうべんかじ》とをもって有情《うじょう》を救度《くど》し（大慈悲の徳なり）、金剛乗《こんごうじょう》を演《えん》じたもう（説法の智徳）。唯一の金剛（円満壇《えんまんだん》の徳智慧）よく煩悩《ぼんのう》を断《だん》ず（利智《りち》の徳なり。已上《いじょう》の九句はすなわちこれ五印四徳《ごいんしとく》なり。一《いち》・一《いち》の仏印《ぶっちん》におのおの四徳を具《ぐ》す。自受用《じじゅゆう》ゆえに常恒《じょうごう》に金剛智慧の一乗《いちじょう》を演説《えんぜつ》したもう）。

この甚深秘密《じんじんひみつ》の心地《しんじ》、普賢自性常住《ふげんじしょうじょうじゅう》法身をもってもろもろの菩薩を摂《せっ》す（これは自性法身の、自眷属《じけんぞく》を摂するを明《あ》かす。また通じて他《た》を摂《せつ》する自《じ》を挙《あ》げて、他《た》を兼《か》ぬるなり）。唯《ただ》しこの仏刹《ぶっせつ》はことごとく、金剛自性清浄《しょうじょう》をもって成《じょう》ずるところの密厳《みつごん》・華厳《けごん》なり（いわく密とは金剛の三密なり。華《け》とは開敷覚華《かいふかくげ》なり。厳《ごん》とは種々《しゅじゅ》の徳を具《ぐ》す。いわく恒沙《ごうじゃ》の仏徳、塵数《じんじゅ》の三密をもって身土《しんど》を荘厳《しょうごん》する。これを曼荼羅《まんだら》と名《な》づく。また金剛は智を表わし、清浄は理を表わし、自性は二に通ず。いわく、彼《か》の諸尊におのおの自然《じねん》の理智《りち》を具《ぐ》す）。

もろもろの大悲行願《だいひぎょうがん》円満するをもって、有情《うじょう》の福智《ふくち》資糧《しりょう》の成就《じょうじゅ》する所《ところ》なり（いわく上に称《しょう》する所は、恒沙《ごうじゃ》の諸尊におのおの普賢行願《ふげんぎょうがん》の方便《ほうべん》を具《ぐ》す）。五智の光照、常に三世《さんぜ》に住《じゅう》するをもって、暫《しばら》くも息《や》むことあることなき平等の智身なり（五智というは五大所成《ごだいしょじょう》の智なり。一一の大《だい》におのおの智印を具《ぐ》せり。三世とは三密・三身なり。「暫くも息むことあることなき」とはかくの如くの諸尊は業用無間《ごうゆうむげん》なり。この仏業《ぶつごう》をもって、自他《じた》を利楽《りらく》す。平等智身とは智とは心《しん》の用《ゆう》、身とは心《しん》の体、平等とは普遍《ふへん》なり。いわく五大所成の三密智印、その数《かず》無量なり。身および心智、三種世間《せけん》に遍満《へんまん》遍満し、仏事《ぶつじ》を勤作《ごんさ》して刹那《せつな》も休まず。かくの如きの文句の一一《いちいち》の文《もん》、一一の句、みなこれ如来の密号《みつごう》なり。二乗凡夫《にじょうぼんぶ》はただ句義をのみ解《げ》して字義を解《げ》することあたわず。ただ字相をのみ解《げ》して、字の密号を知ることを得《え》ず。これを覧《み》ん智人《ちにん》、顕句義《けんくぎ》をもって密意《みっち》を傷《きず》つくることなかれ。もし薩埵《さった》の釈経《しやっきよう》を見ば、この義《ぎ》知《し》んぬべし、怪《あや》しむことなかれ、怪《あや》しむことなかれ)」と。

(この段の空海の注は、真言密教の立場からの意をとったもので注自体が意味深い。ここに説かれている大日如来以下三十七尊の出現、五智五仏が無限に広がって法界に遍じ、そのひろがりが私たち人間一人一人にまで及んでいると受けとめるには、師にしたがい、曼荼羅海会《まんだらかいえ》に引入《いんにゅう》され、受法して体得するほかはない。いまここに参考までに金剛界三十七尊を一応図示しておこう。

中央の大日如来、その四方に金剛薩埵《こんごうさった》、金剛宝《ほう》菩薩、金剛法《ほう》菩薩、金剛業《ごう》菩薩――四親近《ししんごん》、四波羅蜜菩薩《しはらみつぼさつ》とも。

東方の阿閦《あしゆく》如来、四方に金剛薩埵、以下略称で表わす、王《おう》・愛・喜の四菩薩。

南方の宝生《ほうしよう》如来、四方に宝《ほう》・光《こう》・幢《とう》・笑《しよう》の四菩薩。

西方の阿弥陀《あみだ》如来、四方に法《ほう》・利《り》・因《いん》・語《ご》の四菩薩。

北方の不空成就《ふくうじようじゅ》如来、四方に業《ごう》・護《ご》・牙《げ》・拳《けん》の四菩薩、以上四方の四菩薩を合わせて十六大菩薩《じゅうろくだいぼさつ》という。

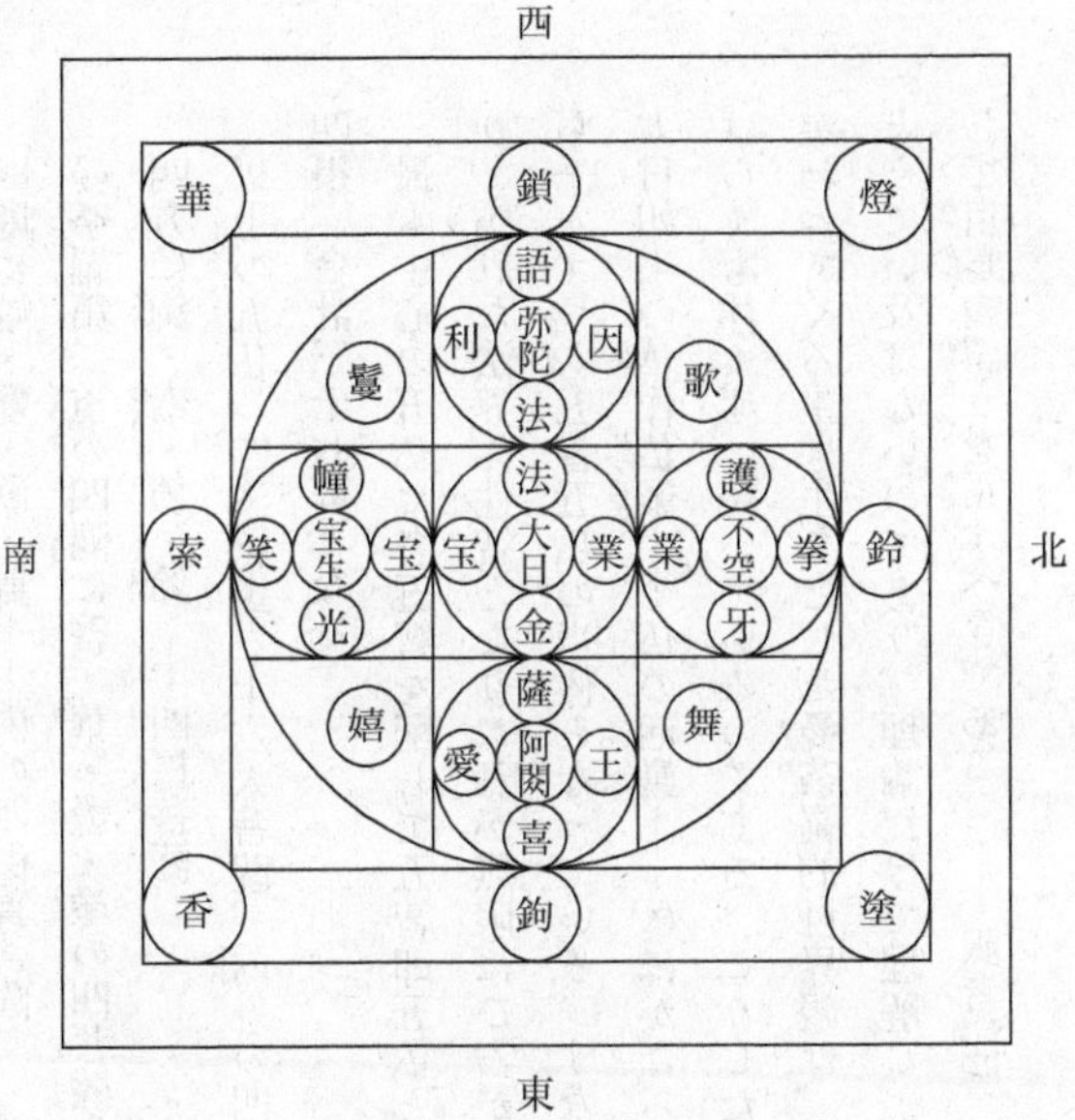

金剛界三十七尊の配置

四隅《しぐう》に嬉《き》・鬘《まん》・歌《か》・舞《ぶ》——内《ない》の四供養《しくよう》菩薩。
曼荼羅第二重《じゅう》の四隅《しぐう》に香《こう》・華《げ》・燈《とう》・塗《ず》の四菩薩——外《げ》の四供養《しくよう》菩薩。
四方に鉤《こう》・索《さく》・鎖《さ》・鈴《れい》——四摂《ししょう》菩薩。
以上の五仏、四波羅蜜、十六大菩薩、内外《ないげ》の四供養——合わせて八供養《はっくよう》——四摂、合計三十七尊となる。

最も中心の五仏に各五智を配して五智即五仏となり、以下の各尊が四智にとりまかれた法界体性智となりこれが無限にひろがって五智無際智となり、私たち一人ずつも五智五仏の当体となっている。すなわちこの世界の現象はすべて大日如来の仏作《ぶっさ》仏業《ぶつごう》——仏の活動——にほかならないのであり、その活動はしばらくも休まずに続いているのである。こうした仏陀観、しかも自分に直接かかわってくる生き生きとした曼荼羅《まんだら》的世界観は、経文《きょうもん》の句義を知っただけではとうてい及ばないのであり、理論だけで理解しようとする人々は、十分に反省して自《みずか》らの誤《あやま》りを正《ただ》すべきである。——訳者注)

（二） 大日経

『大毘盧遮那《だいびるしゃな》経（『大日経《だいにちきょう》』）』にいわく、

（この『大日経』の一段は不読段《ふどくだん》ではないが、いまさら経文を現代語に置き換えてもはじまらないので、書き下しにとどめ、処々の空海の注に注目しながら読んでいただきたい。——訳者注）

「一時《いちじ》薄伽梵《ばがぼん》、如来加持広大金剛法界宮《ほっかいぐう》に住《じゅう》したもう。一切の持金剛者《じこんごうしゃ》みな悉《ことごと》く集会《しゅうえ》せり。その金剛を名づけて虚空無垢《こくうむく》執金剛乃至《しゅこんごうないし》金剛手秘密主《こんごうしゅひみつしゅ》という。かくの如きを上首《じょうしゅ》として十仏刹微塵数《じゅうぶつせつみじんじゅ》等の持金剛衆《じこんごうしゅう》と倶《とも》なり。及び普賢《ふげん》菩薩、妙吉祥《みょうきつしょう》菩薩乃至《ないし》諸大菩薩、前後《ぜんご》に囲繞《いにょう》して、しかも法を演説《えんぜつ》したもう。いわゆる三時《さんじ》を越《こ》えたる如来の日、加持《かじ》のゆえに、身《しん》・語《ご》・意《い》平等句の法門なり

（以下のカッコ内は空海の注、念のため——これは自性身《じしょうしん》の説法を明《あ》かす）。

時《とき》に彼《か》の菩薩には普賢を上首《じょうしゅ》とし、諸執金剛《しょしゅうこんごう》には秘密主《ひみつしゅ》を上首とす。毘《び》盧《る》遮《しゃ》那《な》如来加持のゆえに、身無尽荘厳蔵を奮迅示現《ふんじんじげん》し、かくの如く語・意平等の無

尽荘厳蔵を奮迅《ふんじん》示現したもう(これは受用身《じゅゆうしん》の説法を明《あ》かす)。毘盧遮那《びるしゃな》の身あるいは語、あるいは意より生《しょう》ずるにあらず。一切処《いっさいしょ》に起滅辺《きめつへん》際不可得《ざいふかとく》なり。しかも毘盧遮那の一切の身業、一切の語業、一切の意業、一切《いっさい》処《しょ》、一切時《いっさいじ》に、有情界《うじょうかい》において、真言道句の法を宣説《せんぜつ》したもう(これは変化身《へんげしん》の説法を明《あ》かす)。また執金剛《しゅうこんごう》、普賢《ふげん》・蓮華手《れんげしゅ》菩薩等の像貌《ぞうぼう》を現じて、普《あまね》く十方において真言道の清浄句の法を宣説したもう(これは等流身《とうるしん》の説法を明かす。等《とう》というは金剛《こんごう》・蓮華手《れんげしゅ》を挙《あ》げ、かねて外《げ》金剛部《こんごうぶ》の諸尊を等ずるなり。この経の四種法身にまた竪横《しゅおう》の二義を具《ぐ》す。文勢《もんせい》知んぬべし)」。

(この一段は『大日経』入真言門住心品《じゅうしんぼん》第一の文で経の冒頭の一節である。重要なことは、空海がこの文を四つに分け、順に自性・受用・変化・等流の四身に配当し、おのおの四身が説法していることを示している点である。

四身説はもとは自性・受用・変化の三身説に等流身を加えたものと思われるが、もとの三身説は唯識教学で発達してきた仏身説である。これに等流身を加えたのは不空《ふくう》であるとする近年の学説もある。受用身はのちに自受用《じじゅゆう》と他受用《たじゅゆう》に分けられ、その自受用身の性格をめぐって議論されている。空海はこの自受用身を自性身と合体させて、「自性・自受用身」なる仏身を設定し、これを法身大日如来に配当したことはすでに述べたが、この工夫《くふう》は、空海以外の仏教学者のだれも考え及ばなかった説で、空海の密教学の深さを証明しているのである。

さてこの四種身を用いているのは『金剛頂経』系統の特に不空訳のものであり、これら四種身すべてが法身であるとする「四種法身」の語も不空訳の『金剛頂経』にある。『大日経』には説かれていないのである。空海はこれら四種身、ないし四種法身を『大日経』にも配当し『大日経』と『金剛頂経』という両部《りょうぶ》大経《たいきょう》ともに同一の仏身説であることをも示しているのがこの一段である。

次に空海の注の中に、「横《おう》と竪《しゅ》の四種法身あり」というのは、横とは四種身すべてが法身であり大日如来と諸尊すべてが同体であるとする見方であり、竪《しゅ》というのは四種身のうち、自性法身がマンダラ中央の大日如来であり、他の三身は周辺の尊であり顕教の教主であるという見方である。空海には常に横竪《おうしゅ》の二《に》義《ぎ》が思索《しさく》に含《ふく》まれていて、この工夫《くふう》によって、顕と密、凡《ぼん》と聖《しょう》など微妙《びみょう》で秘奥《ひおう》な深旨《じんし》を説くことを可能にしているのである。）

またいわく、

（同じ『大日経』百字果相応品《ひゃくじかそうおうぼん》第二十からの引用。これも不読段ではないけれども筆者が現代語訳しても無意味のように思われるので書き下し文にとどめたい。ただし空海の注は十分心《こころ》して読むべきであり、逆《ぎゃく》にこの注によって『大日経』の意味が確定するように思える。――訳者注）

「その時毗盧遮那世尊《びるしゃなせそん》、執金剛秘密主《しゅうこんごうひみつしゅ》に告《つ》げたまわく、もし大覚世尊《だいかくせそん》の大智灌《だいちかん》頂地《じょうじ》に入《い》りぬれば、おのずから三三昧耶《さんさんまや》の句に住《じゅう》することを見る。秘密主よ、薄伽梵《ばがぼん》、大智灌頂地に入《い》りぬれば、すなわち陀羅尼形《だらにぎょう》をもって仏事《ぶつじ》を示現《しげん》す。その時に大覚世尊、したがって、一切の諸の衆生の前に住して仏事を施作《しさ》し、三三昧耶《さんさんまや》の句を演説したもう。仏ののたまわく、秘密主よ、わが語輪《ごりん》の境界を観ずるに、広長にして遍《あまね》く無量の世界に至る清浄門《しょうじょうもん》なり。その本性《ほんしょう》の如く、随《ずい》類《るい》の法界《ほっかい》を表示《ひょうじ》する門なり。一切衆生をして皆歓喜《かんぎ》することを得《え》せしむ。いま釈迦牟尼《しゃかむに》世尊の、無尽《むじん》の虚空界《こくうかい》に流遍《る》して、もろもろの刹土《せつど》において仏事を勤《ごん》作《さ》するがごとし（以下空海の注、念のため。この文《もん》は、大日尊の三身、もろもろの世界に遍《へん》じて仏事《ぶつじ》をなすこととまた釈迦《しゃか》の三身の如くなることを明《あ》かす。釈迦の三身大日の三身おのおの不同《ふどう》なり。まさにこれを知るべし）」。

（この段を空海が引用した理由《わけ》は、法身大日如来は理念的な仏身〈理仏《りぶつ》〉ではなくて、脈《みゃく》々と現《げん》に生存《せいぞん》している生命体《せいめいたい》なのであって、かつて釈尊が広く活動され人々を救済されたと同様に、大日如来も限り無く高い人格を所有《しょゆう》され、人々を広く救済しているのであることを示すためである。では釈尊と大日の関係は、といえば密教からいえば釈尊は大日の応化《おうけ》としての仏身であるから、おのずから法身と化身との差がある、というわけである。——訳者注）

(三)　守護国界主陀羅尼経

『守護《しゅご》国界《こっかい》主陀羅《しゅだら》尼経《にきょう》』巻第九にこうあります。「仏が秘密主に告《つ》げていわれた。善男子《ぜんなんし》よ、この陀羅尼《だらに》は毗盧遮那世尊《びるしゃなせそん》が色究竟天《しきくきょうてん》において、帝釈天《たいしゃくてん》及び多くの諸天《しょてん》のためにすでに広くお説きになった教えである。そこで私もいまこの菩提樹《ぼだいじゅ》の下の金剛道場において多くの国王やお前たち弟子の者に略してこの陀《だ》羅尼門《らにもん》を説くのである」と。

（この経は元来、大日を中心とした集会《しゅうえ》と釈迦仏《しゃかぶつ》を中心とした集会を対比《たいひ》して説くのだが、この段も、大日が真言密教の陀羅尼門《だらにもん》を説かれ、いままた釈迦如来も同様に陀羅尼門を説かれる、という。後《のち》に挙《あ》げる『密迹金剛経《みつしゃくこんごうきょう》』も同様だが、釈迦が説かれた経の中にしばしば「秘密蔵」等真言密教の用語がみられ、空海は秘密にも多種多様の秘密のあることを喩釈《ゆしゃく》している。——訳者注）

（四）大智度論

『大智度論《だいちどろん》』巻第九に次のように説かれています。「仏《ほとけ》には二種の身がある。一に法性身《ほっしょうしん》、二に父母生身《ぶもしょうじん》である。法性身は永遠なる仏陀、父母生身は父母から生まれた仏陀釈尊である。この法性身は、十方虚空《こくう》に行きわたる大きさで質も量もともにはかれないほどであり、辺際《へんざい》もないほどである。しかもそれでいながら容貌《ようぼう》も端正《たんせい》で、姿もきわめてよく整《ととの》っており、身体から無量の光明を放ち、大音声《だいおんじょう》で説法される。法を聴く人々も虚空に満ちるほど無量無辺である（空海の注、これは法性身の法を聴く人々も、常の人ではなくて同じく法性身であることを明《あ》かしているのです）。

法性身は常に種々の身《しん》、種々の名号《みょうごう》をもって出現《しゅつげん》され、種々の場所、種々の手段をもって衆生を救済され、その活動は一瞬《いっしゅん》も休むことがない。これが法性身なのである。そして十方の衆生で種々の罪の報いを受けて苦しんでいる人々を救済してくれるのは第二の生身《しょうじん》の仏《ほとけ》である。釈尊のような生身《しょうじん》の仏《ほとけ》が順次に説法される方法は普通の人間の場合と同様であります」と。

また『大智度論《だいちどろん》』では次のようにも説いています、「法身の仏は常に光明を放って、常に説法しておられる。しかし一般の人々は、種々の罪《つみ》を犯《おか》しているのでその姿を見たり声を聴いたりすることができないのである。それはちょうど、赤子《あかご》が太陽が昇ってもそれが見えないし、幼童《おさなご》が地震があっても雷が鳴っても感じられないし聴けないのと一緒である。このように、法身は常に光明を放って、常に法を説いておられるのだが、衆生は永遠の過去から積り積った罪の垢《あか》が厚く邪魔をして見聞《みき》きすることができないのである。まさに鏡がきれいにみがいてあったり、水面が浄《きよ》らかであればすべてが映ってよく見えるし、よごれていたり不浄であれば何も見えないのと同じである。同様に人々の心が清《きよ》らかならば仏の姿も見えるし心が不浄ならば仏を見ることはできないのだ」と。

（空海は『大智度論』で法身が脈々と生きづく仏身でしかも説法をしているという表現に強い共感を覚え、この仏身こそ真言密教の大日如来を意味するのだ、と理解した。しかし『大智度論』には密教や大日如来などの名称はどこにも書かれていない。そこで空海は『大智度論』を密教を説く証拠として挙げてはいるが、密教に言及《げんきゅう》していないことについて「惜《お》しいかな古賢《こけん》、醍醐《だいご》を嘗《な》めざることを」と嘆《たん》じているのである。

空海が『大智度論』の法身を高く評価していることについて後の法・報・応の三身説の法と報が未分離《みぶんり》の仏身を取り上げているのはおかしい、という疑問を呈《てい》する学者もあるが、大乗経論の中には法・報・応の三身説のほかに冒頭に述べた通り、『楞伽経』や『金光明経』のように、法身こそ真実有《しんじつう》の仏身だと明言する三身説も立派に存在していることを知らなければならない。唯識学から発達してきた法・報・応の三身説では、法身は理仏であり真理そのものという意味が固定化しており、そうした仏身観は空海は一切取り上げていないことは勿論《もちろん》である。——訳者注）

また『密迹金剛経《みつしゃくこんごうきょう》』に次のように説かれています。「仏の活動に三種あり、これを三密《さんみつ》という。すなわち身密《しんみつ》（身体の作用）、語密《ごみつ》（ことばの作用）、意密（こころの作用）である。これらは、一切の天人《てんにん》たちは理解もできないし、知ることもできない」と。

（空海が）喩釈《ゆしゃく》して申しますと、これまで挙《あ》げてきた経論の文は、顕教と密教の違いとか、法身が説法する、法身に人格がある、ということを証明しているものであります。これらを一読《いちどく》する学者がたは、十分にその趣旨《しゅし》を理解して反省するべきです。

（三密という用語は密教で重要なもので法身大日の活動を表わす。この経に「仏に三密あり」というのは、「法身大日に活動あり」、「法身は限り無く高い人格を備えている」という意味に受けとればこの経文は法身説法の証拠になる。
——訳者注）

第四節　顕密分斉

問う、法身が悟《さと》りの境界《きょうがい》を説かれたのを秘密教《ひみつきょう》といい、その他の仏身が説かれたものを顕教《けんぎょう》というのならば、どういうわけで釈尊が説かれた経の中に「秘《ひ》密蔵《みつぞう》」とかの密教の用語が見えるのであろうか、また、釈尊が「陀羅尼門《だらにもん》」を説かれたなどとあるのは、どう考えたらよいのでしょう。

答えて申します。顕《けん》とか密《みつ》とかの用語は相対的《そうたいてき》に用《もち》いられるのだから多種多様で、浅いものから深いものを見れば、深いものは秘密で浅いものは顕教ということになります。仏教以外の教えの中にも秘密蔵などという用語が使われています。また同じ如来が説かれた経でも顕と密が対比して説かれています。たとえば仏が小乗教を説かれた場合も、仏教以外の教えから見れば深い秘密の教えとなりましょうし、大乗仏教も小乗や密教に比べれば密ともなり顕ともなるのです。一乗教は三乗教とは異《こと》なってすぐれていることを示すために秘密教だという時もあるのです。陀羅尼《だらに》は一字《いちじ》の中に千《せん》の理《り》（意味）を含《ふく》むということから、多くの易《やさ》しい語を用いて説明する顕教の多名句《たみょうく》に比《くら》べて秘密教だといいます。いろいろ秘密教がある中で、法身大日の説く教えこそ最も奥深《おくふか》い教えということができます。これに対して応身《おうじん》や化身《けしん》の説く教《おし》えは浅くしかも略《りゃく》されているのです。

また、秘密というにも二種の意味があります。一は衆生秘密《しゅじょう》、二は如来《にょらい》秘密です。衆生は自分の無知《むち》や誤《あやま》った考え方のために、皆が本来持っているほとけ心を、自分の手でつつみ込みしまい込んでしまっているのです。これを衆生秘密あるいは衆生自秘《じひ》といいます。一方で、ほとけの側《がわ》からいいますと、応身や化身は相手の要望に応じて薬を与えるような教えでありますから本当の普遍的な真実の内証《ないしょう》は説けません。別の三身で申せば他受用身（巻頭の解説を参照してください。――訳者注）は法身大日の悟りそのものは説けませんし、その内証は一般大乗の等覚位《とうがくい》の菩薩や十地《じゅっち》の菩薩ですら見えず聴《き》こえずの境地であります。これは大日如来のほうで、相手に不足と見て重要なところを説かないのです。これを如来秘密といいます。

このように秘密といってもいろいろですが、いま秘密といっているのは最も深い最終の帰着点を指しているのです。大日如来以外の仏身が陀羅尼門を説き秘密蔵を説くといっても法身大日の説に比べれば権教《ごんきょう》（劣《おと》った教え）であって真実のすぐれた教えとはいえないのです。ひとくちに秘密といっても、いろいろの場合があって時に応じ場合に応じて顕といい密というべきなのです。

――（終）――

「弁顕密二教論」読み下し

〈巻上〉

第一章　序説

（大意序）

それ仏《ほとけ》に三身《さんじん》あり、教《きょう》はすなわち二種なり。応化《おうけ》の開説《かいぜつ》を名づけて顕教《けんきょう》という。ことば顕略にして機《き》に逗《かな》えり。法仏《ほうぶつ》の談話《だんかい》これを密蔵《みつぞう》という。ことば秘奥《ひおう》にして実説なり。

顕教の契經部《かいきょうぶ》に百億あり、蔵《ぞう》を分《わ》かてばすなわち一十・五十一の差あり、乗《じょう》をいえばすなわち一・二・三・四・五の別あり、行《ぎょう》を談ずれば六度《ろくど》を宗《しゅう》となし、成《じょう》を告ぐれば三大《さんだい》を限りとす。これすなわち大聖分明《だいしょうふんみょう》にその所由《しょゆ》を説きたまえり。

もし『秘蔵金剛頂経《ひぞうこんごうちょうぎょう》』の説によらば、如来《にょらい》の変化身《へんげしん》は、地前《じぜん》の菩薩《ぼさつ》および二乗凡夫《ぼんぶ》等のために三乗の教法を説き、他受用身《たじゅゆうしん》は、地上《じじょう》の菩薩のために顕《けん》の一乗等を説きたもう。ならびにこれ顕教なり。自性《じしょう》・受用仏《じゅゆうぶつ》は、自受法楽《じじゅほうらく》の故《ゆえ》に自眷属《じけんぞく》とともに各々《おのおの》三密門《さんみつもん》を説きたもう。これを密教という。

この三密門とはいわゆる如来内証智《にょらいないしょうち》の境界《きょうがい》なり。等覚《とうがく》・十地《じゅうじ》も室《しつ》に入ること能《あた》わず。いかに況《いわ》んや二乗凡夫をや、誰《たれ》か堂に昇ることを得ん。故に『地論《じろん》』・『釈論《しゃくろん》』にはその機根《きこん》を離れたりと称し、『唯識《ゆいしき》』・『中観《ちゅうかん》』には言断心滅《ごんだんしんめつ》と歎《たん》ず。かくのごときの絶離《ぜつり》はならびに因位《いんい》に約して談ず、果人《かにん》をいうにはあらず。何を以《もっ》てか知ることを得るや。経論に明鑒《みょうかん》あるが故に。その明証《みょうしょう》つぶさに列《つら》ぬること後のごとし。求仏《くぶつ》の客、こいねがわくはその趣《おもむき》を暁《さと》れ。

(造論の趣意)

たとい、顕網《けんもう》に触《つ》いて羝《てい》蕃《ばん》し、権関《ごんかん》に壅《ふさが》れて税《ぜい》駕《が》す。いわゆる化城《けじょう》に息《や》むの賓《ひん》、楊葉《ようよう》を愛するの児《こ》、何《なん》ぞ能《よ》く無尽荘厳《むじんしょうごん》、恒沙《ごうじゃ》の己有《こう》を保つことを得んや。醍醐《だいご》を棄《す》てて牛乳《ごにゅう》を覓《もと》め、摩尼《まに》を擲《なげう》って魚珠《ぎょしゅ》を拾《ひろ》うがごときに至っては、寂種《じゃくしゅ》の人、膏肓《こうこう》の病《やまい》、医王《いおう》手を拱《たんだ》き、甘雨《かんう》何の益《やく》かあらん。もし善男善女《ぜんなんぜんにょ》あって、一たびこの芸《かおり》を齅《か》がば、秦鏡《しんけい》心を照し、権実氷解《ごんじつこおりと》けなん。所有《しょう》の明証、経論《きょうろん》に至って多しといえども、しばらく一隅《いちぐう》を示す。こいねがわくは童幼《どうよう》を裨《おぎな》うことあらん。

問うていわく、古《いにしえ》の伝法者《でんぼうしゃ》、広く論章を造って六宗《ろくしゅう》を唱敷《しょうふ》し、三蔵を開演《かいえん》す。軸広厦《じくこうか》に剰《あま》り、人巻舒《ひとけんじょ》に僵《た》うる。何ぞ労《わずらわ》しくこの篇を綴《つづ》る。利益《りやく》いかん。

答う。多く発揮することあり、このゆえにまさに纂《つく》るべし。先匠《せんしょう》の伝うるところはみなこれ顕教なり。これはこれ密蔵なり。人未《ひといま》だ多く解《さと》らず。この故に経論を弋釣《よくちょう》して合《がっ》して一の手鏡《しゅけい》となす。

第二章　本　論

第一節　問答決疑

問う、顕密《けんみつ》二教その別いかん。

答う、他受用《たじゅゆう》・応化身《おうけしん》の随機《ずいき》の説これを顕といい、自受用《じじゅゆう》・法性仏《ほっしょうぶつ》、内証智《ないしょうち》の境《きょう》を説きたもう、これを秘と名づく。

問う、応化身の説法は諸宗共に許す。かの法身《ほっしん》のごときは、色《しき》もなく像もなく、言語道断《ごんごどうだん》し心行処滅《しんぎょうしょめつ》して、説もなく示《じ》もなし。諸経ともにこの義を説き、諸論もまたかくのごとく談ず。いまいかんがなんじ、法身の説法を談ずる、その証いずくんかある。

答う。諸経論の中《うち》に往往《おうおう》にこの義あり。しかりといえども、文《もん》は執見《しっけん》にしたがって隠《かく》れ、義は機根《きこん》をおって現わるのみ。譬《たと》えば天鬼《てんき》の見別《けんべつ》、人鳥《にんちょう》の明暗のごとし。

問う。もし汝《なんじ》が説のごとくならば、諸教の中にこの義あり。もしかくのごとくならば、何《いかん》が故にか前来《ぜんらい》の伝法者《でんぽうしゃ》この義を談ぜざる。

答う。如来の説法は病に応じて薬を投じ、根機《こんき》万差《まんじゃ》なれば針灸《しんきゅう》千殊《せんじゅ》なり。随《ずい》機《き》の説は権《ごん》は多く実は少なし。菩薩、論を造ること、経にしたがって義を演《の》べてあえて違越《いおつ》せず。この故に天親《てんじん》の『十地《じゅうじ》』には因分可説《いんぶんかせつ》の談を馳《は》せ、龍猛《りゅうみょう》の『釈論《しゃくろん》』には円海不談《えんかいふだん》の説を挟《はさ》む。これすなわち経にしたがってことばを興《おこ》すのみ、究竟《くきょう》の唱《となえ》にあらず。しかりといえども、顕を伝うる法将《ほっしょう》は深義《しんぎ》を会《え》して浅《せん》に従い、秘旨《ひし》を遺《のこ》して未《いま》だ思わず。師師《しし》伏膺《ふくよう》して口にしたがって心に蘊《つつ》み、弟弟《ていてい》積習《しゃくじゅう》して宗にしたがって談を成《じょう》ず。我を益《やく》するの鉾《ほこ》を争い募《つの》って、未だ己《おのれ》を損するの剣を訪《とぶら》うに遑《いとま》あらず。しかのみならず、釈教東夏《とうか》に漸《すす》み、微《び》より著《ちょ》に至る。漢明《かんめい》を始《はじめ》となし、周天《しゅうてん》を後として、その中間《ちゅうげん》に翻伝《ほんでん》するところはみなこれ顕教なり。玄宗《げんそう》・代宗《だいそう》の時、金智《こんち》・広智《こうち》の日、密教欝《さがり》に起って盛んに秘趣を談ず。新薬日浅うして旧痾《くあ》未だ除かず。楞伽《りょうが》法仏説法の文《もん》、智度性身妙色《ちどしょうじんみょうじき》の句のごときにいたっては、胸臆《くおく》に馳《は》せて文を会《え》し、自宗《じじゅう》に駆《か》って義を取る。惜しいかな古賢醍醐《こけんだいご》を嘗《な》めざることを。

問う、義もしかくのごとくならば、何等《なんら》の経論にか顕密の差別《しゃべつ》を説く。

答えていわく、『五秘《ごひ》』・『金峯《こんぶ》』・『聖位経《しょういきょう》』・『遮那《しゃな》』・『楞伽《りょうが》』・『教王《きょうおう》』等、『菩提《ぼだい》』・『智度《ちど》』・『摩訶衍《まかえん》』、かくのごときの経論に簡択《けんじゃく》して説けり。

問者《もんじゃ》のいわく、請うその証を聞かん。

答えていわく、しかり、われまさに汝がために日輪《にちりん》を飛ばして暗《あん》を破し、金剛《こんごう》を揮《ふる》って迷《まよい》を摧《くだ》かん。

問者のいわく、唯唯《いい》として聞かんと欲す。

第二節　引証喩釈

(一) 釈摩訶衍論

龍猛《りゅうみょう》菩薩の釈大衍論《しゃくだいえんろん》にいわく、「一切衆生は無始《むし》よりこのかたみな本覚《ほんがく》あって捨離《しゃり》するときなし。何《いかん》が故にか衆生先に成仏《じょうぶつ》するあり、後に成仏するあり、今《いま》成仏するあり。また勤行《ごんぎょう》あり、また不行あり、また聡明《そうめい》あり、また暗鈍《あんどん》あって無量に差別なるや。同じく一覚《いっかく》あらば、みなことごとく一時に発心《ほっしん》し修行して無上道《むじょうどう》に到《いた》るべし。本覚の仏性《ぶっしょう》、強劣《ごうれつ》別の故に、かくのごとく差別なるか。無明煩悩《むみょうぼんのう》、厚薄《こうはく》別の故に、かくのごとく差別なるか。もし初《はじめ》のごとくいわば、このことすなわちしからず。ゆえいかんとなれば、本覚の仏性は過恒沙《かごうしゃ》のもろもろの功徳《くどく》を円《まどか》んじて増減なきが故に。もし後のごとくいわば、この事またしからず。ゆえいかんとなれば、一地《いちじ》断《だん》の義成立《じょうりゅう》せざるが故に。かくのごときの種々無量の差別はみな無明によって住持《じゅうじ》することを得《う》。至理《しいり》の中において、関《あずか》ることなきのみ。

もしかくのごとくならば、一切の行者《ぎょうじゃ》、一切の悪を断じ、一切の善を修《しゅ》して、十地《じゅっち》を超え、無上地《むじょうじ》にいたり、三身《さんじん》を円満し、四徳《しとく》を具足す。かくのごときの行者は明《みょう》とやせん、無明か。かくのごときの行者は無明の分位《ぶんい》にして明の分位にあらず。

もしからば、清浄本覚《じょうじょう》は無始よりこのかた、修行を観《ま》たず、他力《たりき》を得るにあらず。性徳《しょうとく》円満し、本智《ほんち》具足せり。また四句《しく》を出で、また五辺《ごへん》を離れたり。自然《じねん》の言《ごん》も自然なること能《あた》わず、清浄の心も清浄なること能わず、絶離絶離せり。かくのごときの本処《ほんじょ》は明とやせん、無明か。かくのごときの本処は無明の辺域《へんいき》にして明の分位にあらず。

もしからば一法界心《いっぽうかいしん》は百非《ひゃっぴ》にあらず、千是《せんぜ》に背《そむ》けり。中《ちゅう》にあらず、中にあらざれば天に背《そむ》き、天に背きぬれば、演水《えんすい》の談、足断《た》って止《とど》まり、審慮《しんりょ》の量、手亡《ぼう》じて住《じゅう》す。かくのごときの一心は明とやせん、無明か。かくのごときの一心は無明の辺域にして明の分位にあらず。

三自《さんじ》一心摩《いっしんま》訶衍《かえん》の法は一も一なること能わず、能入《のうにゅう》の一を仮《か》る。心も心なること能わず、能入の心を仮る。実に我《が》の名にあらざれどもしかも我に目《な》づく。また自《じ》の唱《となえ》にあらざれども、しかも自に契《かな》えり。我のごとく名を立つれどもしかも実の我にあらず。自のごとく唱を得れどもしかも実の自にあらず。玄玄としてまた玄、遠遠《おんおん》としてまた遠なり。かくのごときの勝処は明とやせん、無明か。かくのごときの勝処は無明の辺域にして明の分位にあらず。

不二《ふに》摩《ま》訶衍《かえん》の法はただこれ不二摩訶衍の法なり。かくのごときの不二摩訶衍の法は明とやせん、無明か」と。

（喩釈）喩《ゆ》していわく、已上《いじょう》、五重の問答甚だ深意《しんい》あり。細心研覈《さいしんけんきゃく》してすなわちよく極《ごく》に詣《いた》るべし。一一《いち》の深義、紙に染むること能わず。審《つまび》らかんじてこれを思え。

（二）釈摩訶衍論

またいわく、「何《いか》が故《ゆえ》に、不二摩訶衍《ふにまかえん》の法は因縁《いんねん》なきや。この法は極妙甚深《ごくみようじんじん》にして独尊《どくそん》なり。機根《きこん》を離れたるが故に。何が故に機を離れたるや。機根なきが故に。何《なん》ぞ建立《こんりゆう》を須《もち》うるや。建立にあらざるが故に。この摩訶衍の法は諸仏に得《とく》せらるるや。能《よ》く諸仏を得す。諸仏は得するや。不なるが故に。菩薩・二乗・一切異生《いっさいいしょう》もまたまたかくのごとし。性徳円満海《しょうとくえんまんかい》これなり。ゆえいかんとなれば、機根を離れたるが故に、教説を離れたるが故に。八種の本法《ほんぼう》は因縁より起る。機に応ずるが故に。説に順ずるが故に。何が故に機に応ずるや、機根あるが故に。かくのごときの八種の法の諸仏は得せらるるや。諸仏は得せらる。諸仏を得するや、不なるが故に。菩薩・二乗・一切異生もまたまたかくのごとし。修行種因海《しゅぎようしゅいんかい》これなり。ゆえいかんとなれば、機根あるが故に、教説あるが故に」と。

またいわく、「諸仏甚深広大義《しょぶつじんじんこうだいぎ》とは、すなわちこれ通総摂前所説門《つうそうしょうぜんしょせつもん》なり。いわゆる通じて三十三種の本数《ほんじゅ》の法を摂《せっ》するが故に。この義いかん。諸仏といっぱ、すなわちこれ不二摩訶衍の法なり。ゆえいかんとなれば、この不二の法を彼の仏に形《くら》ぶるにその徳勝《すぐ》れたるが故に。大本華厳契経《だいほんけごんかいきょう》の中にかくのごときの説をなす。その円円海徳《えんねんかいとく》の諸仏は勝《すぐ》れたり。その一切の仏は円円海を成就すること能《あた》わず、劣なるが故に。もししからば、何が故に分流《ぶんる》華厳契経の中にかくのごときの説をなすや。盧遮那仏《るしゃなぶつ》は三種世間《さんじゅせけん》をその身心となす。三種世間に法を摂《せっ》するに余なし。かの仏の身心もまた摂せざるところあることなし。盧遮那仏は三世間を摂すといえども、しかも摂と不摂との故に、この故に過《とが》なし」と。

〈喩釈〉喩《ゆ》していわく、いわゆる不二摩訶衍、および円円海徳の諸仏とは、すなわちこれ自性法身《じしょうほっしん》なり。これを秘密蔵と名づけ、また金剛頂大教王《こんごうちょうだいきょうおう》と名づく。等覚十地《とうかくじゅうじ》等も見聞《けんもん》すること能わず。故に秘密の号を得《う》、つぶさには『金剛頂経』に説くがごとし。

〈三〉華厳五教章

『華厳五教《けごんごきょう》』の第一巻にいわく、「今まさに釈迦仏《しゃかぶつ》の海印三昧《かいいんざんまい》一乗教義を開かんとするに、略して十門を作る。初めに建立乗《こんりゅうじょう》を明かさば、しかもこの一乗教義の分斉《ぶんざい》を開いて二門となす。一には別教《べっきょう》、二には同教《どうきょう》なり。初めの中にまた二あり、一にはこれ性海果分《しょうかいかぶん》、これ不可説の義にあたる。何を以《もっ》ての故に、教《きょう》と相応せざるが故に、すなわち十仏の自境界《じきょうがい》なり。故に『地論《じろん》』に因分《いんぶん》可説・果分不可説というはこれなり。二にはこれ縁起《えんぎ》因分、すなわち普賢《ふげん》の境界なり」と。

また中巻の十玄縁起《じゅうげんえんぎ》無礙《むげ》法門義《ほうもんぎ》にいわく、「それ法界《ほうかい》の縁起はすなわち自在《じざい》無窮《むぐう》なり。いま要門《ようもん》をもって略摂《りゃくしょう》して二となす。一には究竟果証《くきょうかしょう》の義を明す。すなわち十仏の自境界なり。二には縁に随《したが》い因に約して教義を弁ず。すなわち普賢の境界なり。初めの義とは円融自在《えんにゅうじざい》にして一即一切、一切即一なり。その状相を説くべからざるのみ。『華厳経』の中に究竟果分の国土海および十仏の自体融義《じたいゆうぎ》等のごときはすなわちその事《じ》なり。因陀羅《いんだら》および微細《みさい》等を論ぜず。これ不可説の義にあたれり。何をもっての故に。教と相応せざるが故に。故に『地論』に因分可説果分不可説というはすなわちその義なり。問う。義もしかくのごとくならば、何《いかん》が故に経の中にすなわち仏不思議品等の果を説きたもうや。答う。この果の義はこれ縁に約して形対《ぎょうたい》して因を成《じょう》ぜんがための故にこの果を説く。究竟自在の果によるにあらず。しかるゆえんは、不思議法品等は因位と同会《どうえ》にして説くがための故に、知んぬ形対するのみ」と。

またいわく、「問う、上に果分は縁を離れて不可説の相なり、ただし因分を論ずといわば、何が故に十信《じゅっしん》の終心《しゅうしん》にすなわち作仏得果《さぶつとくか》の法を弁ずるや。答う、いま作仏というは、ただし初め見聞《けんもん》より已去《いこ》乃至《ないし》第二生《しょう》にすなわち解《げ》行《ぎょう》を成《じょう》じ、解行の終心に因位窮満《ぐうまん》するもの、第三生においてすなわちかの究竟自在円融の果を得るなり。この因の体《たい》は果によって成ずるによるが故に。ただし因位満《まん》ずる者勝進《しょうしん》してすなわち果海《かかい》の中に没す。これ証《しょう》の境界たるが故に不可説なるのみ」と。

(喩釈)　喩《ゆ》していわく、『十地論《じゅうじろん》』および『五教《ごきょう》』の性海不可説《しょうかいふかせつ》の文と、かの龍猛《りゅうみょう》菩薩の不二摩訶衍の円円性海不可説の言《ごん》と、懸《はるか》に会《かな》えり。いわゆる因分可説とは顕教の分斉《ぶんざい》なり。果性不可説というはすなわちこれ密蔵の本分なり。

何をもってか然《し》か知るとならば、『金剛頂経』に分明《ふんみょう》に説くが故に。有智《うち》の者審《つまび》らかにこれを思え。

(四) 摩訶止観

『天台止観《てんだいしかん》』の第三巻にいわく、「この三諦《さんだい》の理は不可思議にして決定《けつじょう》の性《しょう》なし。実に説くべからず。もし縁のために説かば、三《みっ》の意《い》を出でず。一には随《ずい》情説《じょうせつ》(すなわち随他意語《ずいたいご》なり)、二には随情智説《ずいじょうちせつ》(すなわち随自他意語《ずいじたいご》なり)、三には随智説《ずいちせつ》(すなわち随自意語《ずいじいご》なり)なり。いかんが随情説の三諦とならば、盲《もう》の乳《にゅう》を識《し》らざれば、ために貝《ばい》・秣《ばっ》・雪《せっ》・鶴《かく》の四の譬《たとえ》を説くに、四盲《しもう》おのおのに解《げ》を作《な》して執《しっ》して四の諍《いさか》いを起すがごとく、凡情《ぼんじょう》の愚翳《ぐえい》もまたかくのごとし。三諦を識らざれば、大悲《だいひ》方便《ほうべん》をもてために有門《うもん》・空門《くうもん》・空有門《くううもん》・非空《ひくう》非有門《うもん》を説きたもうに、このもろもろの凡夫《ぼんぶ》はついに常《じょう》・楽《らく》・我《が》・浄《じょう》の真実の相を見ること能《あた》わず。おのおの空有を執して互相《たがい》に是非すること、かの四盲のごとし。このゆえに常途《じょうず》に二諦《にたい》を解《げ》する者二十三家《け》なり。家家不同にしておのおのに異見《いけん》し、自を執して他を非《ひ》す。甘露《かんろ》を飲むといえども、命《みょう》を傷《やぶ》って早く夭《よう》すと云々《うんぬん》。

随智説の三諦とは、初住《しょじゅう》よりこのかた、ただし中を説くに視聴《しちょう》を絶するのみにあらず。真俗《しんぞく》もまたしかなり。三諦玄微《げんみ》にして唯《ただ》、智の所照《しょしょう》なり。示すべからず、思うべからず。聞くもの驚怪《きょうけ》しなん。内《ない》にあらず、外《げ》にあらず。難《なん》にあらず、易《い》にあらず。相にあらず、非相にあらず。これ世法《せほう》にあらず、相貌《そうみょう》あることなし。百非洞遣《ひゃっぴどうけん》し、四句皆亡《しくかいもう》す。唯《ただ》、仏と仏とのみ乃《すなわ》ち能《よ》く究尽《くうじん》したまえり。言語道断し、心行処滅《しんぎょうしょめつ》す。凡情をもって図《はか》り想うべからず。もしは一、もしは三、みな情望《じょうもう》を絶す。なお二乗の測るところにあらず。いかにいわんや凡夫をや。乳の真色《しんしき》、眼《まなこ》開けたるは、すなわち見、いたずらに言語を費せども、盲はついに識《し》らざるがごとし。かくのごときの説をば名づけて随智説の三諦の相となす。すなわちこれ随自意語なり」と。

(喩釈) 喩《ゆ》していわく、この宗の所観《しょかん》は三諦に過ぎず。一念の心中にすなわち三諦を具す。これをもって妙となす。かの百非洞遣、四句皆亡、唯仏与仏《ゆいぶつよぶつ》、乃能究尽《たいのうぐうじん》のごときに至っては、この宗、他の宗、これをもって極《ごく》となす。これすなわち顕教の関楔《かんせつ》なり。ただし、真言蔵家《しんごんぞうけ》には、これをもって入道の初門となす。これ秘奥にはあらず。仰覚《ぎょうかく》の薩埵《さった》思わずんばあるべからず。

(五) 入楞伽経

『楞伽経《りょうがきょう》』にいわく、「仏、大慧《だいえ》に告げたまわく、われむかし菩薩の行《ぎょう》を行ぜしもろもろの声聞《しょうもん》等の無余涅槃《むよねはん》によるがためにしかも授記《じゅき》を与う。大慧、われ声聞に授記を与うることは、怯弱《こにゃく》の衆生をして勇猛《ゆうみょう》の心を生ぜしめんがためなり。大慧、この世界の中、および余《よ》の仏国に、もろもろの衆生、菩薩の行を行じて、しかもまた声聞法《しょうもんほう》の行を楽《ねが》うあり。かの心を転じて大菩提《だいぼだい》を取らしめんがためなり。応化身《おうけしん》の仏、応化の声聞のために授記す。報仏法身《ほうぶつほっじん》の仏として記《き》莂《べつ》を授くるにはあらず」と。

(喩釈) 喩していわく、この文によらば、『法華経』はこれ応化仏の所説なり。何をもっての故に、応化の声聞等のために仏記莂を授けたもうが故に。ある者《ひと》法身の説と談ず。甚《はなは》だ誣罔《ふもう》なるのみ。

(六) 大乗法苑義林章

慈恩法師の『二諦義《にたいぎ》』にいわく、「瑜伽《ゆが》・唯識《ゆいしき》の二諦におのおの四重《しじゅう》あり。世《せ》俗諦《ぞくたい》の四名《しみょう》といっぱ、一には世間世俗諦（または有名無《うみょうむ》実諦《じったい》と名づく）、二には道理世俗諦（または随事《ずいじ》差別諦《しゃべったい》と名づく）、三には証得《しょうとく》世俗諦（または方便安《あん》立《りゅう》諦と名づく）、四には勝義《しょうぎ》世俗諦（または仮名《けみょう》非安立諦と名づく）なり。勝義諦の四名とは、一には世間勝義諦（または体用顕現諦《たいゆうけんげんたい》と名づく）、二には道理勝義諦（または因果差別諦と名づく）、三には証得勝義諦（または依《え》門顕《もんけん》実諦と名づく）、四には勝義勝義諦（または廃詮談旨《はいせんだんし》諦《たい》と名づく）なり。前の三種をば安立勝義諦と名づけ、第四の一種は非安立勝義諦なり」。またいわく、「勝義勝義とは体妙離言《たいみょうりごん》にして迥《はる》かに衆法《しゅほう》に超えたるを名づけて勝義となし、聖智《しょうち》の内証《ないしょう》にして前の四俗《しぞく》に過ぎたるをまた勝義諦と名づく」。またいわく、「第四の勝義勝義諦とは、いわく、非安立《ひあんりゅう》・廃詮談旨《はいせんだんし》・一真《いっしん》法界なり」と。

（喩釈）喩《ゆ》していわく、この章の中の勝義勝義・廃詮談旨・聖智内証・一真法界・体妙離言等といっぱ、かくのごときの絶離《ぜつり》はすなわちこれ顕教の分域《ぶんいき》なり。いわく、因位の人等の四種の言語みなおよぶこと能《あた》わず、唯《ただ》自性法身のみいまして、如義《によぎ》真実の言をもってよくこの絶離の境界《きようがい》を説きたもう。これを真言秘教と名づく。『金剛頂』等の経これなり。

（七―二）大智度論

『智度論《ちどろん》』第五にいわく、「不生《ふしよう》・不滅《ふめつ》・不断《ふだん》・不常《ふじよう》・不一《ふいつ》・不異《ふい》・不去《ふこ》・不来《ふらい》なり。因縁生《いんねんしよう》の法は、もろもろの戯論《けろん》を滅す。仏よくこれを説きたもう。われ今まさに礼《らい》すべし。乃至《ないし》、諸法《しよほう》は生《しよう》にあらず、滅にあらず、不生にあらず、不滅にあらず、非不生滅にあらず、また非非不生滅にあらず。すでに解脱《げだつ》を得つれば、空《くう》にあらず、不空にあらず。かくのごとき等《とう》はもろもろの戯論を捨滅《しやめつ》して言語道断し、深く仏法に入る。心通無礙《しんづうむげ》にして不動不退なるを無生忍《むしようにん》と名づく。これ助仏道《じよぶつどう》の初門《しよもん》なり」と。

また三十一にいわく、「またつぎに有為《うい》を離れてすなわち無為《むい》なし。ゆえいかんとなれば、有為の法の実相はすなわちこれ無為なり。無為の相はすなわち有為にはあらず。ただし衆生顛倒《てんどう》せるがための故に分別《ふんべつ》して、有為の相とは生・滅・住《じゅう》・異《い》なり、無為の相とは不生・不滅・不住・不異なりと説く。これを入仏法《にゅうぶっぽう》の初門となす」と。

(七—二) 般若燈論

龍猛《りゅうみょう》菩薩の『般若燈論《はんにゃとうろん》』の観涅槃品《かんねはんぼん》の頌《じゅ》にいわく、

「かの第一義の中には、　仏もとより説法したまわず。
仏は無分別者なり、　大乗を説くこと然《しか》らず。
化仏《けぶつ》説法すといわば、　この事すなわち然らず。
仏は説法に心《こころ》なし、　化者はこれ仏にあらず。
第一義の中において、　かれもまた説法せず。
無分別性空《むふんべつしょうくう》にして、　悲心《ひしん》あること然らず。

衆生無体《むたい》の故に、　また仏体あることなし。

かの仏無体の故に、　また悲愍《ひみん》の心なし」と。

分別明《ふんべつみょう》菩薩の釈《しゃく》にいわく、「この中に第一義を明かさば、一相の故にいわゆる無相なり。仏もなくまた大乗もなし。第一義とはこれ不二《ふに》智の境界なり。汝《なんじ》が説く偈《げ》は正しくこれ我が仏法の道理を説けり。今まさに汝がために如来の身《しん》を説くべし。如来の身とは、無分別なりといえども、先に利他《りた》の願力を種《う》えしをもって、大誓《だいせい》の荘厳熏修《しょうごんくんじゅ》するがための故に、よく一切衆生を摂《せっ》して、一切時《いっさいじ》において化仏《けぶつ》の身を起す。この化身によって文字章句あって次第に声《こえ》を出《い》だす。一切の外道《げどう》・声聞《しょうもん》・辟支仏《びゃくしぶつ》に共《ぐう》ぜざるが故に。しかもために二種の無我《むが》を開演《かいえん》す。第一義波羅蜜《はらみつ》を成就《じょうじゅ》せんと欲《おも》うがための故に、最上乗《さいじょうじょう》に乗ずる者を成就せんと欲《ねが》うがための故に、名づけて大乗となす。第一義の仏あるが故に、かの仏に依止《えし》して化身を起す。この化身より説法を起す。第一義の仏、説法の因となるによるが故に、我が所立《しょりゅう》の義をも壊《え》せず。また世間の所欲《しょよく》をも壊せず。またいわく、第一義の中には、幻《げん》のごとく化《け》のごとし。誰《たれ》か説き、誰か聴かん。これをもっての故に如来は処所《しょしょ》なし。一法《いっぽう》としてために説くべきことなし」と。

また観邪見品《かんじゃけんぼん》にいわく、「般若《はんにゃ》の中に説かく、仏、勇猛《ゆうみょう》・極《ごく》勇猛菩薩に告げたまわく、色《しき》は見《けん》を起す処にあらず、また見を断ずる処にあらず、乃至《ないし》、受《じゅ》・想《そう》・行《ぎょう》・識《しき》も見を起す処にあらず、また見を断ずる処にあらずと知るをば、これを般若波羅蜜《はらみつ》と名づく。いま起《き》等の差別縁起なきをもって開解《かいげ》せしむることは、いわゆる一切の戯論《けろん》および一異《いちい》等の種々の見を息《や》めてことごとくみな寂滅《じゃくめつ》なる、これ自覚の法なり。これ如虚《にょこ》空《くう》の法なり。これ無分別の法なり。これ第一義の境界の法なり。かくのごとき等の真実の甘露をもって開解せしむる、これ一部の論宗《ろんしゅう》なり」と。

〔喩釈〕喩《ゆ》していわく、いまこの文《もん》によらば、明らかに知んぬ、『中観《ちゅうかん》』等はもろもろの戯論を息《や》めて寂滅絶離《じゃくめつぜつり》なるをもって宗極《しゅうごく》となす。かくのごときの義意はみなこれ遮情《しゃじょう》の門なり。これ表徳《ひょうとく》のいいにはあらず。論主《ろんしゅ》自ら入道の初門と断じたまえり。意あらむ智者心を留めてこれを九思《きゅうし》せよ。

（八）大智度論

龍樹菩薩《りゆうじゆ》の『大智度論《だいちどろん》』の三十八にいわく、「仏法の中に二諦《にたい》あり。一には世諦、二には第一義諦なり。世諦のための故に衆生ありと説き、第一義諦のための故に衆生所有《しよう》なしと説く。また二種あり、名字《みようじ》の相を知るあり、名字の相を知らざるあり。譬《たと》えば軍《ぐん》の密号《みつごう》を立つるに、知るものあり、知らざるものあるがごとし。また二種あり。初習行《しよじゆうぎよう》あり、久習行《くじゆうぎよう》あり、著者《じやくしや》あり、不著者《ふじやくしや》あり、知他意《ちたい》あり、不知他意の者あり（言辞《ごんじ》ありといえども、その奇言《きごん》を知ってもって自ら理を宣《の》ぶ）。不知名字相・初習行・著者・不知他意の者のための故に衆生なしと説き、知名字相・久習行・不著・知他意の者のための故に説いて衆生ありという」と。

（喩釈）喩《ゆ》していわく、初重《しよじゆう》の二諦は常《つね》の談と同じ。次の二諦に八種の人《にん》あり。不知《ふち》名字相《みようじそう》等の四人のために真諦《しんたい》の中に仏なく、衆生なしと説く。後の四人のための故に真諦の中に仏あり、衆生ありと説く。審《つまび》らかにこれを思え。いわゆる密号名字相等の義は、真言教の中に分明《ふんみよう》にこれを説けり。

故に『菩提場経《ぼだいじようきよう》』にいわく、「文殊《もんじゆ》、仏にもうしてもうさく、世尊幾所《せそんいくばく》の名《みよう》号《ごう》をもってか世界において転じたもう。仏ののたまわく、いわゆる帝釈《たいしやく》と名づけ、梵王《ぼんのう》と名づけ、大自在《だいじざい》と名づけ、自然《じねん》と名づけ、地と名づけ、寂静《じやくじよう》と名づけ、涅槃《ねはん》と名づけ、天と名づけ、阿蘇羅《あそら》と名づけ、空《くう》と名づけ、勝《しよう》と名づけ、義と名づけ、不実と名づけ、三摩地《さんまじ》と名づけ、悲者《ひしや》と名づけ、慈と名づけ、水《すい》天《てん》と名づけ、龍と名づけ、薬叉《やしや》と名づけ、仙と名づけ、三界主《さんかいしゆ》と名づけ、光《こう》と名づけ、火《か》と名づけ、鬼主《きしゆ》と名づけ、有《う》と名づけ、不有《ふう》と名づけ、分別《ふんべつ》と名づけ、無分別と名づけ、蘇弥盧《そめる》と名づけ、金剛《こんごう》と名づけ、常《じよう》と名づけ、無常と名づけ、真言と名づけ、大真言と名づけ、海《かい》と名づけ、大海と名づけ、日《にち》と名づけ、月《がつ》と名づけ、雲《うん》と名づけ、大雲と名づけ、人主《にんしゆ》と名づけ、大人主と名づけ、龍象《りゆうぞう》と名づけ、阿羅漢害煩悩《あらかんがいぼんのう》と名づけ、非異《ひい》と名づけ、非不異《ひふい》と名づけ、命《みよう》と名づけ、非命《ひみよう》と名づけ、山《せん》と名づけ、大山《だいせん》と名づけ、不滅と名づけ、不生《ふしよう》と名づけ、真如《しんによ》と名づけ、真如性《しんによしよう》と名づけ、実際《じつざい》と名づけ、実際性《じつざいしよう》と名づけ、法界《ほうかい》と名づけ、実と名づけ、無二と名づけ、有相《うそう》と名づく。文殊師利《もんじゅしり》、われこの世界において五阿僧祇百千《ごあそうぎひやくせん》の名号を成就し、もろもろの衆生を調伏《ちようぶく》して成就せり。如来は功用《くゆう》なけれども無量種の真言色力《しんごんしきりき》の事相《じそう》をもって転じたもう」と。

(九)　釈摩訶衍論

龍樹《りゆうじゆ》の『釈大衍論《しやくだいえんろん》』にいわく、「言説《ごんぜつ》に五種あり、名字《みようじ》に二種あり。心量《しんりよう》に十種あり、契経異説《かいきようい せつ》の故に。論じていわく、言説に五あり。云何《いかん》が五となす。一には相言説《そうごんせつ》、二には夢言説《むごんせつ》、三には妄執言説《もうじゆうごんせつ》、四には無始言説《むしごんせつ》、五には如義言説《によぎごんせつ》なり。『楞伽契経《りようがかいきよう》』の中にかくのごときの説をなす。大慧《だいえ》、相言説とは、いわゆる色《しき》等の諸相に執着《しゆうじやく》してしかも生ず。大慧、夢言説とは、本受用虚妄《ほんじゆゆうこもう》の境界を念ず。境界によって夢み、覚めおわって虚妄の境界によって不実なりと知ってしかも生ず。大慧、執着言説とは、本所聞所作《ほんしよもんしよさ》の業《ごう》を念じてしかも生ず。大慧、無始言説とは、無始よりこのかた戯論《けろん》に執着して煩悩の種子薫習《しゆうじくんじゆう》してしかも生ず。『三昧契経《さんまいかいきよう》』の中にかくのごときの説をなす。舎利弗《しやりほつ》もうさく、一切の万法《ばんぽう》はみなことごとく言文《ごんもん》なり、言文の相はすなわち義とするにあらず、如実の義は言説すべからず、いま如来云何《いかん》が説法したもう。仏ののたまわく、我が説法とは、汝《なんじ》衆生は生《しょう》に在って説くをもっての故に不可説と説く。この故にこれを説く。我が所説とは義語《ぎご》にして文にあらず、衆生の説とは文語《もんご》にして義にあらず、義語にあらざる者はみなことごとく空無なり。空無の言は義を言うことなし、義を言わざる者はみなこれ妄語《もうご》なり。如義語とは実空《じっくう》にして不空なり。空実にして不実なり、二相を離れて中間《ちゅうげん》にも中《あた》らず、不中の法は三相を離れたり。処所《しょしょ》を見ず、如如如説《にょにょにょせつ》の故に。かくのごときの五が中に、前《さき》の四の言説は虚妄《こもう》の説あるが故に真を談ずること能《あた》わず。後の一の言説は如実の説なるが故に真理を談ずることを得《う》。馬鳴《めみょう》菩薩は前《さき》の四によるが故に、かくのごときの説をなして離言説相《りごんぜっそう》という。心量《しんりょう》に十あり、云何《いかん》が十となすや。一には眼《げん》識心《しきしん》、二には耳《に》識心、三には鼻《び》識心、四には舌《ぜっ》識心、五には身《しん》識心、六には意《い》識心、七には末那《まな》識心、八には阿梨耶《ありや》識心、九には多一《たいっ》識心、十には一一《いちいち》識心なり。かくのごときの十が中に、初めの九種の心は真理を縁《えん》ぜず。後の一種の心は真理を縁じてしかも境界となすことを得《う》。今前《さき》の九によってかくのごとき の説をなして離心縁相《りしんえんそう》という」と。

(喩釈) 喩《ゆ》していわく、言語・心量等の離・不離の義は、この論に明らかに説けり。顕教の智者詳《つまび》らかんじて迷いを解け。

(十) 菩提心論

『金剛頂発菩提心論《こんごうちょうほつぼだいしんろん》』にいわく、「諸仏《しょぶつ》菩薩、昔因地《いんじ》に在して、この心を発《おこ》しおわって勝義《しょうぎ》・行願《ぎょうがん》・三摩地《さんまじ》を戒《かい》となす。乃《いま》し成仏《じょうぶつ》に至るまで時として暫《しばら》くも忘るることなし。惟真言法《ただしんごんほう》の中にのみ即身成仏《そくしんじょうぶつ》するが故に、これ三摩地の法を説く。諸教《しょきょう》の中において闕《けつ》して書《しょ》せず」と。

(喩釈) 喩《ゆ》していわく、この論は龍樹大聖所造《りゅうじゅだいしょうしょぞう》の千部の論の中の密蔵《みつぞう》の肝心《かんじん》の論なり。この故に顕密《けんみつ》二教の差別《しゃべつ》・浅深《せんじん》および成仏の遅速《ちそく》・勝劣《しょうれつ》、みなこの中に説けり。いわく諸教とは、他受用身《たじゅゆうしん》および変化身等《へんげしんとう》所説の法のもろもろの顕教《けんきょう》なり。これ三摩地の法を説くとは、自性法身《じしょうほっしん》所説の秘密真言三摩地門これなり。いわゆる『金剛頂《こんごうちょう》』十万頌《じゅ》の経等これなり。

〈巻下〉

（十一）六波羅蜜経

『六波羅蜜経《ろくはらみつきょう》』の第一にいわく、

「法宝《ほうぼう》は自性恒《じしょうつね》に清浄《しょうじょう》なり、諸仏世尊《しょぶつせそん》かくのごとく説きたもう。客塵煩悩《きゃくじんぼんのう》に覆わるること、雲のよく日の光明を翳《かく》すがごとし。無垢《むく》の法宝は衆徳《しゅとく》を備えて、常《じょう》・楽《らく》・我《が》・浄《じょう》ことごとく円満せり。法性《ほっしょう》の清浄なるをば云何《いかん》が求めん、無分別智《むふんべっち》のみしかもよく証す。

第一の法宝とは、すなわちこれ摩訶般若解脱法身《まかはんにゃげだっほっしん》なり。第二の法宝とは、いわく戒・定《じょう》・智慧のもろもろの妙功徳《みょうくどく》なり。いわゆる、三十七菩提分法《ぼだいぶんぼう》なり。乃至《ないし》、この法を修《しゅ》するをもってしかもよくかの清浄法身《ほっしん》を証す。第三の法宝とは、いわゆる過去無量の諸仏所説の正法《しょうほう》と、およびわが今の所説となり。いわゆる八万四千のもろもろの妙法蘊《みょうほううん》なり。乃至、有縁《うえん》の衆生を調伏《ちょうぶく》して純熟《じゅんじゅく》す。

しかも阿難陀《あなんだ》等のもろもろの大弟子をして一たび耳に聞いてみなことごとく憶《おく》持《じ》せしむ。摂《せっ》して五分《ごぶん》と為す。一に素恒纜《そたらん》、二には毗奈耶《びなや》、三には阿毗達磨《あびだつま》、四には般若波羅蜜多《はんにゃはらみった》、五には陀羅尼門《だらにもん》なり。この五種の蔵《ぞう》をもって有情《うじょう》を教化《きょうけ》し、度《ど》すべきところにしたがってしかもためにこれを説く。もしかの有情山林に処《しょ》し、常に閑寂《かんじゃく》に居《こ》して静慮《じょうりょ》を修せんと楽《ねが》うには、しかも彼がために素恒纜《そたらん》蔵《ぞう》を説く。もしかの有情、威儀《いぎ》を習って正法を護持《ごじ》し、一味和合《いちみわごう》にして久住《くじゅう》することを得しめんと楽《ねが》うには、しかも彼がために毗奈耶蔵《びなやぞう》を説く。もしかの有情、正法を説いて性相《しょうぞう》を分別し、循環研覈《じゅんかんけんきゃく》して甚深《じんじん》を究竟《くきょう》せんと楽うには、しかも彼がために阿毗達磨蔵《あびだつまぞう》を説く。もしかの有情、大乗真実の智慧を習って我法執著の分別を離れんと楽うには、しかも彼がために般若波羅蜜多蔵を説く。もしかの有情、契経《かいきょう》・調伏《ちょうぶく》・対法《たいほう》・般若を受持《じゅじ》すること能《あた》わず、あるいはまた有情、もろもろの悪業の四重・八重・五無間罪《ごむけんざい》・謗方等経《ぼうほうどうきょう》・一闡提《いっせんだい》等の種々の重罪を造れるを鎖滅《しょうめつ》することを得せしめ、速疾《そくしつ》に解脱《げだつ》し頓悟《とんご》涅槃《ねはん》すべきには、しかも彼がためにもろもろの陀羅尼蔵《だらにぞう》を説く。

この五法蔵は、譬《たと》えば乳《にゅう》・酪《らく》・生蘇《しょうそ》・熟蘇《じゅくそ》および妙醍醐《みょうだいご》のごとし。契経は乳のごとく、調伏は酪のごとく、対法教はかの生蘇のごとく、大乗般若はなお熟蘇のごとく、総持門《そうじもん》は譬えば醍醐のごとし。醍醐の味は乳・酪・蘇の中に微妙《みみょう》第一にして、よく諸病を除き、もろもろの有情をして身心安楽ならしむ。総持門は契経《かいきょう》等の中に最も第一たり。よく重罪を除き、もろもろの衆生をして生死《しょうじ》を解脱し速《すみやか》に涅槃安楽の法身を証せしむ。またつぎに、慈氏《じし》、わが滅度《めつど》の後に阿難陀《あなんだ》をして所説の素怛纜蔵《そたらんぞう》を受持《じゅじ》せしめ、その鄔波離《うぱーり》をして所説の毗奈耶蔵《びなやぞう》を受持せしめ、迦多衍那《かたえんな》をして所説の阿《あ》毗達磨蔵《びだつまぞう》を受持せしめ、曼殊室利菩薩《まんじゅしりぼさつ》をして所説の大乗般若波羅蜜多を受持せしめ、その金剛手菩薩《こんごうしゅ》をして所説の甚深微妙のもろもろの総持門を受持せしむべし」と。

（喩釈）喩《ゆ》していわく、今この経文《きょうもん》によらば、仏五味をもって五蔵に配当して、総持をば醍醐と称し、四味をば四蔵に譬えたまえり。震旦《しんたん》の人師《にんじ》等、醍醐を争い盗んでおのおの自宗《じしゅう》に名づく。もしこの経を鑒《かんが》みればすなわち掩耳《えんじ》の智剖割《ほうかつ》を待たじ。

（十二）入楞伽経

『楞伽経《りょうがきょう》』の第九にいわく、「わが乗《じょう》たる内証智《ないしょうち》は妄覚《もうかく》は境界《きょうがい》にあらず。如来滅世《めっせ》の後、誰《たれ》か持《じ》してわがために説かん。如来滅度《めつど》の後、未来にまさに人あるべし。大慧、汝諦《なんじあきらか》に聴け、人あってわが法を持すべし。南大国《なんだいこく》の中において、大徳《だいとく》の比丘《びく》あり、龍樹《りゅうじゅ》菩薩と名づけん。よく有無の見《けん》を破《は》して人のためにわが乗たる大乗無上の法を説くべし」と。

（喩釈）喩《ゆ》していわく、わが乗たる内証智といっぱ、これすなわち真言秘密《しんごんひみつ》蔵《ぞう》を示す。如来明らかに記したまえり。かくのごとくの人説通すべしと。有智《うち》の人狐疑《こぎ》すべからず。

（十三）入楞伽経

『楞伽《りょうが》』の第二にまたいわく、「またつぎに大慧、法仏報仏《ほうぶつほうぶつ》の説は、一切の法の自相同相《じそうどうそう》の故に、虚妄《こもう》の体相《たいそう》に執著《しゅうじゃく》するをもって分別《ふんべつ》の心、勲習《くんじゅう》するによるが故に、大慧、これを分別虚妄の体相と名づく、大慧、これを報仏説法の相と名づく。大慧、法仏の説法とは、心《しん》相応の体《たい》を離れたるが故に、内証聖行《ないしょうしょうぎょう》の境界なるが故に、大慧、これを法仏説法の相と名づく。大慧、応化仏《おうけぶつ》の所作《しょさ》、応仏《おうぶつ》の説は、施《せ》・戒《かい》・忍《にん》・精進《しょうじん》・禅定《ぜんじょう》・智慧《ちえ》の故に、陰界入解脱《おんかいにゅうげだつ》の故に、識想《しきそう》の差別《しゃべつ》の行《ぎょう》を建立《こんりゅう》するが故に、もろもろの外道《げどう》の無色三摩抜提《むしきさんまばてい》の次第の相を説く、大慧、これを応仏の所作、応仏説法の相と名づく。またつぎに大慧、法仏の説法とは攀縁《へんえん》を離れ、能観所観《のうかんしょかん》を離れたるが故に、所作の相、量の相を離れたるが故に、もろもろの声聞・縁覚・外道の境界にあらざるが故に」と。

また第八巻にいわく、「大慧、応化仏は化衆生《けしゅじょう》の事《じ》をなすこと、真実相の説法に異なり、内所証の法、聖智《しょうち》の境界を説かず」と。

（喩釈）喩《ゆ》していわく、今この経によらば、三身《さんじん》の説法におのおの分斉《ぶんざい》あり。応化仏は内証智の境界を説かざること明らかなり。唯法身《ただほっしん》の仏のみいましてこの内証智を説きたもう。もし後の文《もん》を攬《み》ばこの理すなわちこれを決すべし。

（十四—一）五秘密経

『金剛頂五秘密経《こんごうちょうごひみつきょう》』に説かく、「もし顕教において修行するものは、久しく三《さん》大無数劫《だいむしゅこう》を経て、しかる後に無上菩提《ぼだい》を証成《しょうじょう》し、その中間《ちゅうげん》において十進九退《じゅっしんくたい》す。あるいは七地《しちじ》を証して所集《しょじゅう》の福徳《ふくとく》智慧をもって声聞・縁覚の道果《どうか》に廻向《えこう》してなお無上菩提を証すること能《あた》わず。

もし毘盧遮那《びるしゃな》仏自受用身《ぶつじじゅゆうしん》所説の内証自覚聖智《しょうち》の法、および大普賢金剛薩埵《だいふげんこんごうさった》他受用身の智によらば、すなわち現生《げんしょう》において曼荼羅阿闍梨《まんだらあじゃり》に遇逢《あ》い、曼荼羅に入ることを得。羯磨《こんま》を具足《ぐそく》することをなし、普賢三摩地《さんまじ》をもって金剛薩埵《こんごうさった》を引《いん》入《にゅう》してその身中に入る。加持《かじ》の威徳力《いとくりき》によるが故に、須臾《しゅゆ》の頃《あいだ》においてまさに無量の三昧耶《さんまや》、無量の陀羅尼門《だらにもん》を証すべし。不思議の法をもってよく弟子の倶《く》生《しょう》の我執《がしゅう》の種子《しゅし》を変易《へんにゃく》して、時に応じて身中に一大阿僧祇劫《いちだいあそうぎこう》の所集の福徳智慧を集得《じっとく》しつれば、すなわち仏家《ぶっけ》に生在《しょうざい》すとなす。わずかに曼荼羅を見るときは、すなわち金剛界《こんごうかい》の種子をうえてつぶさに灌頂受職《かんじょうじゅしき》の金剛名号《みょうごう》を受く。これより已後《いご》広大甚深《じんじん》不思議の法を受得《じゅとく》して二乗十地《じゅっち》を超越す」と。

（喩釈）喩《ゆ》していわく、顕教所談の言断心滅《ごんだんしんめつ》の境とは、いわゆる法身毗盧遮《ほっしんびるしゃ》那《な》内証智の境界なり。もし『瓔珞経《ようらくきょう》』によらば、毗盧遮那はこれ理法身、盧遮那はすなわち智法身、釈迦をば化身《けしん》と名づく。しかればすなわちこの『金剛頂経』所談の毗盧遮那仏自受用身所説の内証自覚聖智の法とは、これすなわち理智法身の境界なり。

（十四—二） 金剛頂瑜祇経

また『金剛頂瑜祇経《こんごうちょうゆぎきょう》』にいわく、「金剛界の遍照如来《へんじょうにょらい》、五智所成《ごちしょじょう》の四種《ししゅ》法身をもって、本有《ほんぬ》金剛界金剛心殿《こんごうしんでん》の中において、自性所成《じしょうしょじょう》の眷属《けんぞく》、乃至《ないし》、微細《みさい》法身の秘密心地《ひみつしんじ》の十地を超過せる身《しん》・語《ご》・心《しん》の金剛とともなりき等」と。云々《うんぬん》。

またいわく、「諸地《しょじ》の菩薩もよく見ることあることなく、倶《とも》に覚知《かくち》せず」と。云々。

（十四―三）分別聖位経

また『分別聖位経《ふんべつしょういきょう》』にいわく、「自受用仏《じじゅゆうぶつ》は心より無量の菩薩を流出《るしゅつ》す、みな同一性《どういっしょう》なり。いわく、金剛の性《しょう》なり。かくのごときの諸仏菩薩は、自受法楽《じじゅほうらく》の故におのおの自証の三密門を説きたもう」と。云々。

かくのごとき等はならびにこれ自性自用《じしょうじゆう》理智法身の境《きょう》なり。この法身等は自受法楽の故にこの内証智の境界を説きたもう。かの『楞伽』の法身は内証智の境を説き、応化は説かずという文と冥《はる》かに会《かな》えり。もし有智の人、わずかにこの文をみれば雲霧《うんむ》たちまちに朗《ほがら》かんじて関鑰《かんやく》おのずから開けん。井底《せいてい》の鱗《うろくず》ほしいままに巨海《こかい》に泳ぎ、蕃籬《ばんり》の翼《つばさ》たかく寥廓《りょうかく》に飛ばん。百年の生盲《しょうもう》たちまちに乳《にゅう》の色を弁《わきま》え、万劫《まんごう》の暗夜頓《とみ》に日光を褰《かか》げん。

（十五）分別聖位経

『金剛頂分別聖位経』にいわく、「真言陀羅尼宗《しんごんだらにしゅう》といっぱ、一切如来秘奥《ひおう》の教《きょう》、自覚聖智修証《しょうちしゅしょう》の法門なり。またこれ一切如来の海会壇《かいえだん》に入って菩薩の職位《しきい》を受け、三界《さんがい》を超過して仏の教勅《きょうちょく》を受くる三摩地門《さんまじもん》なり。この因縁を具《ぐ》すれば頓に功徳広大の智慧を集めて無上菩提においてみな退転せず。もろもろの天魔一切の煩悩およびもろもろの罪障を離れ、念々に消融《しょうゆう》して仏の四種身を証す。いわく、自性身・受用身・変化身・等流身《とうるしん》なり。五智三十七等の不共《ふぐ》の仏の法門を満足す（これは宗の大意を標す）。

しかも如来の変化身は閻浮提《えんぶだい》、摩竭陀国《まかだこく》の菩提道場において等正覚《とうしょうがく》を成し、地前《じぜん》の菩薩・声聞・縁覚・凡夫のために三乗の教法を説き、あるいは他意趣《たいしゅ》によって説き、あるいは自意趣《じいしゅ》にして説きたもう。種々の根器《こんき》、種々の方便をもて説のごとく修行すれば、人天《にんてん》の果報《かほう》を得《え》、あるいは三乗解脱《さんじょうげだつ》の果を得、あるいは進み、あるいは退いて無上菩提において三無数大劫に修行し、勤苦《ごんく》してまさに成仏することを得《う》、王宮《おうきゅう》に生じ双樹《そうじゅ》に滅して身《しん》の舎利《しゃり》を遺《のこ》す。塔を起《た》てて供養すれば、人天勝妙《しょうみょう》の果報および涅槃の因を感受す（これは略して釈迦如来の教および得益《とくやく》を表わす）。

報身《ほうじん》の毗盧遮那の色界頂《しきかいちょう》第四禅、阿迦尼吒天宮《あかにだてんぐう》において雲集《うんしゅう》せる尽虚空遍《じんこくうへん》法界《ほっかい》の一切の諸仏、十地満足の諸大菩薩を証明《しょうみょう》とし、身心を驚覚《きょうがく》して頓に無上菩提を証するには同じからず(これは他受用身の説法得益を表わす)。「自《じ》受用仏《じゅゆうぶつ》は心より無量の菩薩を流出《るしゅつ》す、みな同一性《どういっしょう》なり。いわく金剛の性《しょう》なり」。遍照《へんじょう》如来に対して灌頂の職位《しきい》を受く。彼等の菩薩、おのおの三密門を説いて、もって毗盧遮那および一切如来に献《けん》じて、すなわち加持《かじ》の教勅《きょうちょく》を請《こ》う。毗盧遮那のたまわく、汝等《なんじら》将来に無量の世界において最上乗者《さいじょうじょうしゃ》のために現《げん》生《しょう》に世《せ》・出世間《しゅつせけん》の悉地《しつじ》成就を得しむべしと。かのもろもろの菩薩、如来の勅を受けおわって仏足を頂礼《ちょうらい》し、毗盧遮那を囲繞《いにょう》しおわっておのおの本方本位《ほんぽうほんい》に還《かえ》って五輪となって本幖幟《ほんひょうじ》を持《じ》せり。もしは見、もしは聞き、もしは輪壇《りんだん》に入りぬれば、よく有情の五趣輪転《ごしゅりんでん》の生死《しょうじ》の業障《ごっしょう》を断じ、五解脱輪《ごげだつりん》の中において一仏より一仏に至るまで供養承事《くようしょうじ》し、みな無上菩提を獲得《ぎゃくとく》して決定《けつじょう》の性《しょう》を成《じょう》ぜしむ。なお金剛の沮壊《そえ》すべからざるがごとし。これすなわち毗盧遮那聖衆《しょうじゅ》の集会《しゅうえ》なり。すなわち現証窣都婆塔《げんしょうそとばとう》となる。一一《いちいち》の菩薩、一一の金剛、おのおの本三昧に住して自解脱に住す。みな大悲願力に住して広く有情を利す。もしくは見、もしくは聞き、ことごとく三昧を証して功徳智慧頓集《とんじゅう》成就す」（これは自性身、自受用身の説法および得益を説く）と。

（喩釈）喩《ゆ》していわく、この経《きょう》に明らかに三身説法の差別浅深、成仏の遅速勝劣を説けり。かの『楞伽《りょうが》』の三身説法の相と義合《かな》えり。顕学《けんがく》の智人《ちにん》みな法身は説法せずという。この義しからず。顕密二教の差別かくのごとし。審《つまび》らかに察し審らかに察せよ。

第三節　引証註解

（一）金剛頂一切瑜祇経

『金剛頂一切瑜祇経《こんごうちょういっさいゆぎきょう》』にいわく、「一時薄伽梵《ばがぼん》金剛界遍照如来（これは総句をもって諸尊の徳を歎《たん》ず）、五智所成《ごちしょじょう》の四種法身《ししゅほっしん》をもって（いわく五智とは一には大《だい》円《えん》鏡智、二には平等性智《びょうどうしょうち》、三には妙観察智《みょうかんさっち》、四には成所作智《じょうそさち》、五には法界体性智《ほっかいたいしょうち》なり。すなわちこれ五方の仏なり。ついでのごとく東・南・西・北・中に配してこれを知れ。四種法身とは、一には自性身《じしょうしん》、二には受用身《じゅゆうしん》、三には変化身《へんげしん》、四には等流《とうる》身《しん》なり。この四種身に竪《しゅ》・横《おう》の二義を具《ぐ》せり。横はすなわち自利《じり》、竪はすなわち利《り》他《た》なり。深義《じんぎ》はさらに問え)、本有《ほんぬ》金剛界(これは性徳《しょうとく》法界体性智を明す)、自在大《じざいだい》三昧耶《さんまや》(これはすなわち妙観察智なり)、自覚本初《ほんしょ》(平等性智)、大菩提心普賢満《ふげんまん》月《がつ》(大円鏡智)、不壊《ふえ》金剛光明心殿《こうみょうしんでん》の中において(いわく不壊金剛とは総じて諸尊の常性《じょうじゅう》の身を歎ず。光明心とは心の覚徳《かくとく》を嘆ず。殿とは身心互に能住所住《のうじゅうしょじゅう》となることを明かす。中とは語密《ごみつ》・また離辺《りへん》の義なり。これはこれ三密《さんみつ》なり。かの五辺百非を離れて、独り非中《ひちゅう》の中に住す。等覚十地《とうがくじゅっち》も見聞《けんもん》すること能わず。いわゆる法身自証の境界なり、またこれ成所作智なり。三密の業用《ごうゆう》みなこれより生ず。已上《いじょう》の五句は総じて住所を明かす。住所の名はすなわち五仏の秘号妙徳なり。密意《みっち》知るべし)、自性所成の眷属《けんぞく》、金剛手《こんごうしゅ》等の十六大菩薩および四摂行天女使《ししょうぎょうてんにょし》、金剛内外《ないげ》八供養の金剛天女使とともなり。

おのおの本誓《ほんぜい》加持《かじ》をもって自ら金剛月輪《がちりん》に住し、本三摩地《ほんさんまじ》の標幟《ひょうじ》を持《じ》せり。みなもって微細《みさい》法身《ほっしん》秘《ひ》密《みつ》心地《しんじ》の十地を超過せる身語《しんご》心《しん》の金剛なり（これ法身は三十七の根本自性の内眷属智《ないけんぞくち》を明かす）。おのおの五智の光明峯杵《こうみょうぶしょ》において、五億倶胝《くてい》の微細《みさい》の金剛を出現して虚空法界《ほっかい》に遍満せり。諸地の菩薩、よく見ることあることなし。倶《とも》に覚知《かくち》せず。熾燃《しねん》の光明自在の威力《いりき》あり（これは三十七尊の根本五智におのおの恒沙《ごうじゃ》の性徳《しょうとく》を具することを明かす。もし次第に約すれば出現の文《もん》あり。もし本有《ほんぬ》によらば倶時《くじ》にかくのごときの諸徳を円満す）。常に三世《さんぜ》において不壊《ふえ》の化身《けしん》をもって有情《うじょう》を利楽《りらく》し時として暫《しばら》くも息《や》むことなし（いわく三世とは三密なり、不壊とは金剛を表わす、化とは業用《ごうゆう》なり。言うこころは常に金剛の三密の業用をもって三世にわたって自他の有情をして妙法の楽《らく》を受けしむ）。

金剛自性と（阿閦仏《あしゅくぶつ》の印）光明遍照と（宝光仏の印）清浄《しょうじょう》不壊と（清浄法界身の印）、種々業用と（羯磨智身《かつまちしん》の印）方便加持（方便受用身の印）とをもって有情を救度《くど》し（大慈悲の徳なり）、金剛乗《こんごうじょう》を演《の》べたもう（説法の智徳）。唯一の金剛（円満壇《えんまんだん》の徳智慧なり）よく煩悩を断ず（利智の徳なり）。已上《いじょう》の九句はすなわちこれ五印四徳《ごいんしとく》なり。一一《いちいち》の仏印におのおの四徳を具す。自受用《じじゅゆう》の故に、常恒《じょうごう》に金剛智慧の一乗を演説したもう）。

この甚深《じんじん》秘密心地、普賢自性、常性法身をもってもろもろの菩薩を摂《しょう》す（これは自性法身の自眷属《じけんぞく》を摂することを明かす。また通じて他を摂す。自を挙げて他を兼ぬるなり）。ただこの仏刹《ぶっせつ》はことごとく金剛自性清浄をもって成《じょう》ずる所の密《みつ》厳華厳《ごんけごん》なり（いわく密とは金剛の三密なり、華とは開敷《かいふ》せる覚華《かくげ》なり。厳とは種々の徳を具す。言うこころは恒沙の仏徳、塵数《じんじゅ》の三密をもって身土《しんど》を荘厳《しょうごん》す。これを曼荼羅《まんだら》と名づく。また金剛は智を表わし、清浄は理を表わし、自性は二に通ず。言うこころは、かの諸尊におのおの自然《じねん》の理智を具す）。

もろもろの大悲行願《だいひぎょうがん》円滞するをもって、有情の福智《ふくち》の資糧《しりょう》の成就するところなり（いわく上に称するところの恒沙の諸尊におのおの普賢行願の方便を具す）。五智の光照《こうしょう》、常に三世に住して暫くも息《や》むことあることなき平等の智身《ちしん》なり（五智とは五大所成の智なり。一一の大におのおの智印を具せり。三世とは、三密三身なり。暫くも息むことなしとは、かくのごときの諸尊は業用無間なり。この仏業《ぶつごう》をもって自他を利楽す。平等性智とは智とは心の用、身とは心の体なり。平等とは普遍なり。言うこころは、五大所成の三密の智印、その数無量なり。身および心智《しんち》、三種世間に遍満遍満し、仏事を勤作《ごんさ》して刹那《せつな》も休まず。かくのごときの文句一一の文、一一の句、みなこれ如来の密号なり。二乗・凡夫はただ句義のみを解《げ》して字義を解すること能《あた》わず。ただ字相のみを解して字の密号を知ることを得ず。これを覧《み》ん智人《ちにん》、顕句義《げんくぎ》をもって秘意を傷うことなかれ。もし薩埵《さった》の釈経を見ばこの義知んぬべし。怪《あや》しむことなかれ。怪しむことなかれ)」と。

(二) 大日経

『大毘盧遮那経』にいわく、「一時薄伽梵《ばがぼん》、如来の加持《かじ》したまえる広大金剛法《ほっ》界宮《かいぐう》に住したもう。一切の持金剛者《じこんごうしゃ》みなことごとく集会《しゅうえ》せり。その金剛を名づけて虚空無垢執金剛《こくうむくしゅこんごう》、乃至《ないし》、金剛手秘密主《こんごうしゅひみっしゅ》という。かくのごときを上首《じょうしゅ》として十仏刹微塵数《じゅうぶつせつみじんじゅ》等の持金剛衆と倶《とも》なりき。および普賢《ふげん》菩薩、妙吉祥《みょうきっしょう》菩薩、乃至、諸大菩薩に前後に囲繞《いにょう》せられてしかも法を演説したもう。いわゆる三時を越えたる如来の日、加持の故に身・語・意平等句の法門なり（これは自性身の説法を明かす）。

時にかの菩薩には普賢を上首となし、もろもろの執金剛《しゅうこんごう》には秘密主を上首となす。毘盧遮那如来、加持の故に身無尽荘厳蔵《しんむじんしょうごんぞう》を奮迅示現《ふんじんじげん》したもう（これは受用身の説法を明かす）。

毘盧遮那仏の身、あるいは語、あるいは意より生ずるにあらず。一切処《いっさいしょ》に起《き》滅辺際不可得《めつへんざいふかとく》なり。しかも毘盧遮那の一切の身業《しんごう》、一切の語業《ごごう》、一切の意業《いごう》は、一切処、一切時に有情界において真言道句《しんごんどうく》の法を宣説《せんぜつ》したもう（これは変化身の説法を明かす）。

また執金剛普賢、蓮華手《れんげしゅ》菩薩等の像貌《ぞうみょう》を現じてあまねく十方において真言道清浄句《しょうじょうく》の法を宣説したもう」と（これは等流身の説法を明かす。等と言っぱ、金剛蓮華手を挙げ、兼ねて外金剛部《げこんごうぶ》の諸尊を等ずるなり。この経の四種法身に、また、竪、横の二義を具す。文勢知んぬべし）。

またいわく、「そのときに毘盧遮那世《せ》尊《そん》、執金剛秘密主に告げたまわく、もし大覚《だいかく》世尊の大智《だいち》灌頂地《かんじょうじ》に入りぬれば、自ら三三昧耶《さんさんまや》の句に住することを見る。秘密主、薄伽梵大智灌頂に入りぬれば、すなわち陀羅尼《だらに》形《ぎょう》をもって仏事を示現す。そのとき大覚世尊、したがって一切のもろもろの衆生の前に住して、仏事を施作《しさ》し、三三昧耶の句を演説したもう。仏ののたまわく、秘密主、われ語輪《ごりん》の境界を観ずるに、広長《こうちょう》にしてあまねく無量の世界に至る清浄門《しょうじょうもん》なり。その本性のごとく随類《ずいるい》の法界を表示する門なり。一切衆生をしてみな歓喜を得せしむ。またいまの釈迦牟尼《むに》世尊、無尽の虚空界に流遍《るへん》して、もろもろの刹土《せつど》において仏事を勤作《ごんさ》するがごとし」と（この文は大日尊の三身、もろもろの世界に遍じて仏事を作《な》すこと、また釈迦の三身のごとくなることを明かす。釈迦の三身大日の三身おのおの不同なり。まさにこれを知るべし）。

（三）　守護国界主陀羅尼経

『守護《しゅご》国界主《こっかいしゅ》陀羅尼経《だらにきょう》』の第九にいわく、「仏、秘密主《ひみつしゅ》に告げてのたまわく、善男子《ぜんなんし》、この陀羅尼は毗盧遮那世尊、色究竟天《しきくきょうてん》において、天帝釈《てんたいしゃく》およびもろもろの天衆《てんじゅ》のためにすでに広く宣説《せんぜつ》したまえり。われ今この菩提樹下《ぼだいじゅげ》金剛道場《こんごうどうじょう》ににおいて、もろもろの国王および汝等《なんじら》がために略してこの陀羅尼門を説く」と。

(四) 大智度論

『智度論《ちどろん》』の第九にいわく、「仏に二種の身あり。一には法性身《ほっしょうしん》、二には父母《ぶも》生身《しょうじん》なり。この法性身は十方《じっぽう》虚空に満ちて、無量無辺の色像端政《しきぞうたんせい》にして相好荘《そうごうしょう》厳《ごん》せり。無量の光明・無量の音声《おんじょう》あり。聴法《ちょうほう》の衆もまた虚空に満てり(これは衆もまたこれ法性身にして生死《しょうじ》の人の所見にあらざることを明かす)。常に種々の身、種々の名号《みょうごう》を出《い》だし、種々の生処《しょうじょ》に種々の方便をもって衆生を度《ど》す。常に一切を度して須臾《しゅゆ》も息《や》むときなし。かくのごときは法性身の仏なり。よく十方の衆生を度し、もろもろの罪報を受くる者は、これ生身《しょうじん》の仏なり。生身の仏は次第に説法すること人の法のごとし」と。

またいわく、「法身《ほっしん》の仏は常に光明を放って常に説法したもう。しかるに罪をもっての故に見ず、聞かざること譬《たと》えば日出《い》づれども盲者は見ず、雷《らい》震地を振《はら》えども聾者《ろうしゃ》は聞かざるがごとし。かくのごとく法身は常に光明を放って常に説法したまえども、衆生は無量劫《むりょうこう》の罪垢《ざいく》厚重なることあって、見ず聞かざること、明鏡浄水の面《おもて》を照すときはすなわち見、垢翳《くえい》不浄なるときはすなわち所見なきがごとし。かくのごとく衆生の心清浄《しょうじょう》なるときは、すなわち仏を見、もし心不浄なるときはすなわち仏を見ず」と。

またいわく、『密迹金剛経《みっしゃくこんごうきょう》』の中に説くがごとし。仏に三密あり、身密・語密・意密なり。一切のもろもろの天人はみな解《さと》らず、知らず」と（上来《じょうらい》の経論《きょうろん》等の文はならびにこれ顕密の差別、法身説法の証《しょう》なり。披《ひら》き鑒《み》ん智者詳《つまび》らかんじてこれが迷を解け）。

第四節　顕密分斉

問う、もし所談のごとくならば、法身内証智の境を説きたもうを名づけて秘密といい、自外《じげ》をば顕《けん》という。何《いかん》が故にか釈尊所説の経《きょう》等に秘密蔵の名あるや。

またかの尊《そん》の所説の陀羅尼門をば何の蔵《ぞう》にか摂《せっ》する。

答う、顕密の義重々無数《むしゅ》なり。もし浅《せん》をもって深《じん》に望むれば、深はすなわち秘密、浅略はすなわち顕なり。ゆえに外道《げどう》の経書にもまた秘蔵の名あり。如来の所説の中にも顕密重々なり。もし、仏、小教《しょうきょう》を説きたもうをもって、外人の説に望むれば、すなわち深密《じんみつ》の名あり。大をもって小に比すれば、また顕密あり。一乗は三を簡《きら》うをもって秘の名を立つ。総持《そうじ》は多名《たみょう》に択《えら》んで密号を得《う》。法身の説は深奥《じんのう》なり。応化の教は浅略なり。ゆえに秘と名づく。いわゆる秘密にしばらく二義あり。一には衆生秘密、二には如来秘密なり。衆生は無明妄想《むみょうもうぞう》をもって本性《ほんしょう》の真覚《しんかく》を覆蔵《ふくぞう》するが故に、衆生の自秘《じひ》という。応化の説法は機に逗《かな》って薬を施す。言《ごん》は虚《むな》しからざるが故に。ゆえに他受用身《たじゅゆうしん》は内証を秘してその境を説きたまわず。すなわち等覚《とうがく》も希夷《きい》し、十地《じゅっち》も絶離せり。これを如来秘密と名づく。かくのごとく秘の名重々無数なり。いま秘密といっぱ、究竟最極法《くきょうさいごくほっ》身《しん》の自境《じきょう》をもって秘蔵となす。

また応化の所説の陀羅尼門はこれ同じく秘蔵と名づくといえども、しかも法身の説に比すれば、権《ごん》にして実にあらず。秘に権・実あり、まさに随《したが》って摂すべきのみ。

あとがき

すでに述べたことだが、本書は空海が中国から帰朝後間もない、かなり早い時期に著作したものと推定される。著作年代の記載は無いものの、本書の書き出しの「それ仏《ほとけ》に三身《さんじん》あり、教《きょう》はすなわち二種なり云々」からはじまって総論にあたる部分を読めば、空海の仏身観、仏陀観が極めて明瞭《めいりょう》に説かれており、これによって空海の真言教理の基礎が出来上がったと考えられる。ただしこうした空海独特の整理され尽した仏身観は、従来の密教をふまえてさらにそこから一歩前進させている点で一朝一夕にはできないわざである。在唐中に恵果から教えを受けている間も、すでに空海は師の語るところをヒントにして一歩先へ進めた理論を思いめぐらしていたのかも知れない。

次に述べたいことは、本書の上巻に引用された四家《しけ》大乗《だいじょう》、法相・三論・華巌・天台の祖師方の著作を、空海は丁寧に読み取り、その重要な部分を手中に納めていた、という事実である。まず天台大師・智顗《ちぎ》の『摩訶止観《まかしかん》』、賢首大《げんじゅだい》師《し》・法蔵《ほうぞう》の『華厳五教章《けごんごきょうしょう》』、慈恩《じおん》大師・窺基《きき》の『大乗法苑義林章《ほうおんぎりんじょう》』、そしてここでは引用されていないが三論宗の嘉祥《かじょう》大師・吉蔵《きちぞう》の『法華《ほっけ》玄論』、『法華義疏《ぎしょ》』、『法華遊意』等の論書である。このうち嘉祥大師は作品の中で『法華経』の教主が法身だと言うばかりでなく、他の大乗経典の教主もすべて法身である、として法身の常住を主張している。本書の文中に、空海が「或《あ》る者《ひと》、(『法華経』の教主を)法身の説《せつ》と談《だん》ず、甚だ誣罔《ふもう》なるのみ」と述べているのは、嘉祥大師を指していることからも、空海は嘉祥大師の著作を十分検討していたことが知れる。

そして最後に筆者(加藤)が述べたいことは、空海はこれら中国の仏教学者たちの主張を読みこなした知識を、のちの集大成としての、『秘密曼荼羅《まんだら》十住心論』及び『秘蔵宝鑰《ほうやく》』において縦横に活用している、ということである。要するに、本書の製作が、十住心思想を構築することに直結しているのである。

このたびの出版に当っては角川学芸出版ＢＣの土屋幸子氏から全面的な協力をいただいた。心から感謝して結びとする。

平成二十六年秋彼岸

奈良県桜井市

総本山長谷寺の一室にて

加藤精一

ビギナーズ 日本《にほん》の思想《しそう》
空海《くうかい》「弁顕密二教論《べんけんみつにきょうろん》」
空海《くうかい》 加藤精一《かとうせいいち》＝訳

平成26年 11月25日 初版発行
令和 7 年 10月10日 14版発行

発行者●山下直久

発行●株式会社KADOKAWA
〒102-8177 東京都千代田区富士見2-13-3
電話 0570-002-301（ナビダイヤル）

角川文庫 18877

印刷所●株式会社KADOKAWA
製本所●株式会社KADOKAWA

表紙画●和田三造

ISBN978-4-04-407232-2 C0115

◆◇◇

角川文庫発刊に際して

角川源義

第二次世界大戦の敗北は、軍事力の敗北であった以上に、私たちの若い文化力の敗退であった。私たちの文化が戦争に対して如何に無力であり、単なるあだ花に過ぎなかったかを、私たちは身を以て体験し痛感した。西洋近代文化の摂取にとって、明治以後八十年の歳月は決して短かすぎたとは言えない。にもかかわらず、近代文化の伝統を確立し、自由な批判と柔軟な良識に富む文化層として自らを形成することに私たちは失敗して来た。そしてこれは、各層への文化の普及滲透を任務とする出版人の責任でもあった。

一九四五年以来、私たちは再び振出しに戻り、第一歩から踏み出すことを余儀なくされた。これは大きな不幸ではあるが、反面、これまでの混沌・未熟・歪曲の中にあった我が国の文化に秩序と確たる基礎を齎らすためには絶好の機会でもある。角川書店は、このような祖国の文化的危機にあたり、微力をも顧みず再建の礎石たるべき抱負と決意とをもって出発したが、ここに創立以来の念願を果すべく角川文庫を発刊する。これまで刊行されたあらゆる全集叢書文庫類の長所と短所とを検討し、古今東西の不朽の典籍を、良心的編集のもとに、廉価に、そして書架にふさわしい美本として、多くのひとびとに提供しようとする。しかし私たちは徒らに百科全書的な知識のジレッタントを作ることを目的とせず、あくまで祖国の文化に秩序と再建への道を示し、この文庫を角川書店の栄ある事業として、今後永久に継続発展せしめ、学芸と教養との殿堂として大成せんことを期したい。多くの読書子の愛情ある忠言と支持とによって、この希望と抱負とを完遂せしめられんことを願う。

一九四九年五月三日